和创造世界名牌的人
『 一起放飞梦想』

◇ **创意无限的松下电器**

chuangyi wuxian de songxia dianqi

◇ 何 丹◆编著

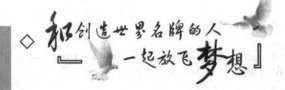

吉林出版集团有限责任公司

图书在版编目（CIP）数据

创意无限的松下电器/何丹编著.--长春:吉林出版集团有限责任公司，2014.8

（和创造世界名牌的人一起放飞梦想）

ISBN 978-7-5534-4066-8

Ⅰ.①创… Ⅱ.①何… Ⅲ.①松下幸之助（1894～1989）—生平事迹—青少年读物Ⅳ.①K833.135.38-49

中国版本图书馆CIP数据核字（2014）第160219号

创意无限的松下电器
CHUANGYI WUXIAN DE SONGXIA DIANQI

编　　著：何　丹
项目负责：陈　曲
责任编辑：陈　曲　王傲然
出　　版：吉林出版集团股份有限公司
发　　行：吉林出版集团社科图书有限公司
电　　话：0431-81629727
印　　刷：北京一鑫印务有限责任公司
开　　本：710mm×960mm　1/16
字　　数：100千字
印　　张：12
版　　次：2014年9月第1版
印　　次：2019年7月第2次印刷
书　　号：ISBN 978-7-5534-4066-8
定　　价：23.80元

如发现印装质量问题，影响阅读，请与出版方联系调换。0431-81629727

梦想与生命共存　传奇与我们同在

当你拥有这套《和创造世界名牌的人一起放飞梦想》系列丛书并真正读懂它的时候，祝贺你，你已经向成功又迈进了一大步，并可以为自己的人生勾画一张蓝图了。

开卷有益，我们不是猎奇，不是对世界名人和超级品牌的奇闻轶事简单地一声惊叹，而且通过阅读，让我们的视野变得更加开阔，让我们能够更好地认识这个世界，并找到适合自己的成功之路。

这是一套全方位满足你阅读愿望的好书，文字鲜活，引人入胜。这里有商界巨鳄的传奇创业故事，也有他们普通如你我的日常生活，当你随着一行行文字重走他们的人生之路时，你的心一定会在波澜起伏中感到一种快意。或许他们的成功不能复制，但是他们的坚忍、执着、宽容——这些成功的要素，我们可以复制。

通过阅读名人的成长故事，重温名人的创业之路，我们会发现，健全的人格、自由的意志、高远的理想、敢于实践的勇气、高瞻远瞩的见地、坚毅勇敢的性格、理性处世的原则、独立思考的习惯、幽默风趣的表达方式……一个人成功的诸多要素都以具体而形象的方式展现在你的面前。

每个人都有自己的生活轨迹，然而成功之路殊途同归，这一路上你的行囊里必须要装入梦想、希望、宽容和坚忍。

请给自己一个梦想吧！梦想是成功的种子，梦想是希望的支点。从这套书中你会发现，每一个了不起的品牌里都承载了品牌创始人那激越的梦想。是梦想，让他们充满激情，斗志昂扬；是梦想，在困境中带给他们希望，让他们有了坚持下去的勇气；是梦想，激励他们不断向前进！

为梦想不懈地努力吧！从这套书中你会明白，任何人的成功都不会一帆风顺，在鲜花和掌声的背后，有太多不为人知的痛苦。那些创业中的失败、徘徊和挫折，对我们来说更具有启迪的价值。真正的勇敢者，并不是无所畏惧，而是在面对挫折的时候，能及时调整自己，正视艰难困苦，不放弃希望。所谓成功，不过是努力的另一个名字罢了。

伟大的戏剧家莎士比亚曾说："一个最困苦、最卑贱、最为命运所屈辱的人，只要还抱有希望，便无所怨惧。"

生命只有一次，让我们在阅读中汲取无穷的力量吧！《和创造世界名牌的人一起放飞梦想》系列丛书会带你走进一个传奇世界，仔细阅读并把你的梦想付诸实践，你也许会成为下一个传奇。

带上我们的梦想启程，为我们璀璨夺目的人生而奋斗！

目录
Content

前　言

Introduction

　　1918年，在日本大阪一间租来的小楼里，松下幸之助创建了一家名为"松下电气器具制作所"的小工厂。经过90多年的发展，今天的松下电器，已经成为世界十大电器公司之一。从最初只雇用5名工人，到今天已经拥有近37万员工；从最初生产电灯插座的小作坊，发展成为一个在世界上36个国家设有分工厂、出口产品至130个国家的综合电器企业。其中的洗衣机、电冰箱、空调等家用电器，均进入世界名牌产品之列，在世界家电市场上占有重要地位。松下幸之助本人也成为名副其实的"经营之神"。

　　创造了这个商业奇迹的松下幸之助幼年时家道中落，全家被迫离开家乡。松下幸之助9岁时，由于家境贫寒，辍学当了学徒。两年后，父亲松下正楠去世，母亲带着姐姐返回家乡，留下他一个人在大阪独自打拼。松下幸之助从自行车店的小学徒，成长为电气公司的检查员。

1917年，松下幸之助在一间租来的平房里开始了自己的创业之路。从自己设计、生产插座开始，松下幸之助不断尝试自己研发新产品。最初生产的插座无人问津，他不断地尝试，最终生产出了当时三大热门产品之一的双灯头插座。从双灯头插座到自行车灯，从收音机到电视机，松下产品都成了风靡一时的热销产品。这些产品之所以能够击败同类产品在市场上成为主流产品，与松下幸之助坚持不断创新、更新产品的功能的做法有着密切的关系。可以说，松下电器的发展史，是一部电器产品的创新史。

不仅仅是在产品研发上，在公司的经营上，松下幸之助也在不断尝试新的管理理念和管理方法。自来水经营哲学、水坝经营法、玻璃式经营法，这些都是松下幸之助开创的经营方法。正是这些经营方法，给松下电器注入了新的活力，让它数次摆脱危机。

松下幸之助的成功，与其说是一部个人的奋斗史，不如说是一部创新史。从产品的研发到经营理念的革新，松下幸之助让我们认识到，只有不断地创新，一个企业才能有生机和活力，才能成为真正的强者。

Panasonic

第一章　宝剑锋从磨砺出

Panasonic

第一节 松下正楠的悲歌

> 遇到比较棘手的问题，我一方面尽自己最大的努力，争取采用最好的方式去解决，这就是所谓的尽人事；另一方面，我对此也不会有过多的奢望，反而认为是命该如此，这就是听天命。有了这两种准备，不管最后的结果如何，我都能看得很开了。
>
> ——松下幸之助

从日本和歌山市向东行8公里有个叫海草郡和佐村的小村庄。和佐村，在日本明治维新以前，是重要的交通要塞，紧邻两条重要道路的交叉点。

这里有一棵树龄高达800年的老松树，因此被称为"千旦之木"。传说每年过往的仙鹤都会在这棵树上停留，因此被当地人视为神木。"松下"这个姓就是这样来的，意思是"神木庇佑"。1894年，中国的农历甲午年，松下幸之助出生。

松下幸之助的家里有兄弟姐妹8人，5个女孩，3个男孩。松下幸之助是家中最小的孩子，因此全家人都很宠他。奶妈经

常背着他到溪流中捉小鱼，陪他做游戏，哥哥姐姐经常带着他到田野里玩耍。当夕阳西下的时候，松下幸之助在奶妈的背上走过映满彩霞的田埂，一边听着奶妈唱摇篮曲，一边打盹儿。这样美好的场景一直留在松下的记忆中。

松下的家世虽然不算显赫，但也曾是非常殷实的小康之家。从始祖松下弥兵卫开始，经过十几代人的经营，到了祖父房右卫门的时候，松下家已经是和佐村有名的富户了。松下幸之助的大哥在当时和歌山县唯一的中学念书，这是一件值得骄傲的事。然而，在祖父过世后一切都改变了。

1882年，祖父房右卫门去世，没有了父亲的约束，松下正楠不甘于平凡的个性开始显露出来。他把农活都交给了农户，自己则开始拼命折腾其他的事情。在周围的人看来，松下正楠是一个不务正业的败家子。他先是养蚕，然后又参加竞选村会议员。1889年和1892年，他先后当选村议会议员。随后，松下正楠开始参加米市的投机交易，在投机交易中，他输掉了几乎所有的田地和房产。1894年，也就是松下幸之助出生的那一年，和歌山县成立了一间米谷交易所。米谷的投机交易在和歌山一出现，就吸引了松下正楠的目光，他热衷于这种投机交易，希望自己能够一夜暴富。可是，也许真的有商业眼光的松下正楠确实不适合从事投机生意，他在米市遭遇到了重大的挫折。不甘心失败的松下正楠开始变卖祖上家产投资于米市。先是土地，接着是房产和宅基地。然而这一切并没有挽回败局，松下正楠破产了。松下正楠只留下了300平方米左右的柑橘地，这是祖上留给他唯一的土地了。

对被迫游离的松下一家村里人没有给予太多的同情，更多的是嘲笑。村里人经常用他的经历警告家里想从事商业的人："千万不要像松下正楠一样涉足投机市场，否则你就一无所有了。"松下一家人把家里的东西装在两辆大板车上，拉着大板车来到了和歌山市内。为了生计，松下正楠把剩下的家产变卖作为资本，在离和歌山城很近的本町一段开了一家木屐店。木屐店在当时是众所周知的门坎儿最低的小本生意，但利润可观，大约能够达到二成半到三成。

全家人都在努力工作。松下正楠的长子松下伊三郎，已经在县里的中学上到了四年级，可是为了肩负起长子的责任，他毅然退学并到父亲的木屐店帮忙。

但是，木屐店开了两年多后，不得不关门了。究其原因，还是在松下正楠身上。他仍然不能忘记投机市场，总想挽回损失，只要木屐店赚到点钱，他就把钱投到投机市场上。结果，连这个小本生意也保不住了。一家人的生活一天比一天艰难，松下正楠每天都为了生计不停地奔波。

松下幸之助小学一年级时，大哥松下伊三郎在同乡的帮助下到了创立不久的和歌山纺织工厂当事务员。在当时，能到和歌山纺织这样的企业上班，是一件令人羡慕的事。可惜好景不长，有一天，松下伊三郎患上了流行性感冒。三个多月后，

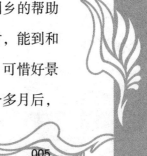

他永远地离开了人世。长子的离世令父母悲痛欲绝，然而苦难接踵而来，二哥松下八郎和大姐松下房枝也相继病故了。

三个孩子的离世不仅让父母伤心，也影响了松下幸之助的人生。两个哥哥的离世让松下幸之助成为家里唯一的儿子，父母把希望都寄托在松下幸之助一个人身上。在未来的人生中，他将肩负起整个家庭乃至家族的使命。

无论面临什么样的困难，松下正楠都没有放弃对孩子的教育。松下正楠把松下幸之助送到了小学，希望他能够受到良好的教育。

松下幸之助读二年级那一年，一位朋友给松下正楠介绍了一份新的工作，那就是到创立不久的私立大阪盲哑院工作。松下正楠将家人留在了和歌山城，只身一人到大阪工作，母亲带着孩子们依靠松下正楠每月寄回来的生活费生活。生活虽然清苦却也比较安逸，松下幸之助享受着为时不多的幸福的学生生活。

松下幸之助读的小学是个寻常小学校。在学校，松下幸之助幸运地遇到了一位非常和蔼可亲的老师——村上老师。村上常带着学生到自己家去玩，松下幸之助常常在老师家一呆就是一天。村上老师的家很宽敞，他常常拿自己种的水果分给孩子们吃，孩子们非常喜欢到村上老师的家里去玩。松下幸之助在村上老师那里学会了将棋（日本棋）。每次下棋赢了，老师都会夸奖松下幸之助，这让松下幸之助很得意。

当然，愉快的学校生活中也夹杂着一些不愉快的音符。学校经常会有庆祝活动，男孩子们一般都会穿小仓的男式裙子，但松下家每月只有微薄的生活费，没有钱给松下幸之助买这种裙子。母亲只好拿大人穿过有丝绢的男式裙子给松下幸之助穿。松下幸之助觉得很难为情，所以每遇到重要节日，都哭叫着不肯穿。

松下幸之助的幸福时光很短暂，但父母给他的影响却是非常深远的。尽管松下正楠的生意失败了，但他从没有向困难低头，这种积极的心态极大地影响了松下幸之助。松下幸之助的一生经历了太多的困难，但他始终相信只要凭借着自己的努力，就一定会渡过难关。

第二节　9岁的小学徒

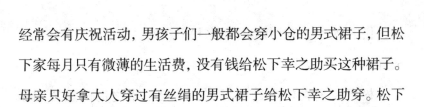

我9岁就开始外出打工，在这段漫长的岁月中，我遇到过很多常人难以想象的困难，同时，我也学到了许多别人的经验。我在不知不觉中逐步成长和完善，养成了对待一切都很坦然的个性。

——松下幸之助

1904年，松下幸之助已经小学四年级。可是，到了11月中

旬，松下幸之助突然接到了父亲松下正楠的信，信中父亲让他放弃学业去大阪当学徒。

松下正楠在信中这样写道："松下幸之助已经读四年级，还有两年就毕业了。我本来也想让他能够继续读书，可是咱们家现在的情况已经没有办法继续供他读书了。他是家里唯一的儿子，也应该承担责任。我有一位叫宫田的好朋友在大阪开一家火盆店，他想找一个学徒。这是很难得的机会，叫松下幸之助赶快来。"

松下幸之助不想退学，可是去大阪和父亲在一起也令他兴奋不已。这时的松下幸之助并不知道，自己再也没有求学的机会了。

母亲实在不忍心让这个只有9岁的孩子到异乡做学徒，但她根本没有说话的权力，她唯一能做的就是亲自送走自己最心爱的小儿子。

1904年11月下旬的一天，母亲送松下幸之助来到了纪之川火车站。她甚至不能送自己的儿子到大阪，只能在火车站和年幼的儿子告别。寒风中的母亲拉着松下幸之助的手不肯松开，流着眼泪叮嘱小儿子："一定要听老板的话，好好干活啊，自己一定要照顾好自己啊！"母亲一边叮嘱儿子，一边不停地拜托去大阪的旅客："小孩子要去大阪，请在路上多多照顾这个孩子。只要到了大阪，他父亲就会来接他的。实在是太感谢了！"

一直到松下幸之助成年后，每当他想起当时的情景，与母亲离别的伤感就会涌上心头。

松下幸之助踏上了前往大阪的火车，他一边看着窗外的景色，一边憧憬着到大阪的生活。这时的松下幸之助并不知道，从这一天起，他将不再是一个可以在父母怀里撒娇的孩子，而是要成为一个真正的男子汉了。

大阪很快到了，看到久别的父亲，松下幸之助高兴得跳了起来并冲向了自己的父亲。对一个从未来过大城市的男孩儿来讲，松下幸之助对大阪的一切都充满了新鲜感。连路边排着的人力车都让松下幸之助觉得新鲜极了，看着人力车，父亲语重心长地对松下幸之助说："孩子，如果你将来没出息，就只能做个拉人力车的人；如果你有出息了，就可以让别人拉着自己。"到了火盆店，父亲将他交给了老板，叮嘱了几句话就离开了。此刻，松下幸之助才突然觉得很无助。

那个时代的日本，很多穷人家的孩子上几年学后就去当学徒了。松下幸之助在宫田火盆店开始了学徒生涯。

说到火盆，也许现在见过的人已经不多了。但在从前，这是日本最基本的取暖设备。由于日本的地理位置和地形等因素，日本的冬天十分寒冷，室内又潮又湿。因此，无论是富有的家庭还是普通的百姓家，都会在房间里摆上一个火盆，里面放上燃烧的炭来取暖。

宫田火盆店是自产自销的店铺，伙计们称老板为老大。每

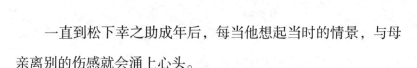

第一章 宝剑锋从磨砺出

天早上，老板和伙计们都会将造好的火盆摆在店面进行销售。有时，老大也会到顾客家去销售。

刚到店里，松下幸之助主要干些杂活，外带看着小孩。松下幸之助在家过惯了苦日子，因此并不会感到辛苦。可是毕竟他还是个小孩子，每当晚上打烊就寝，松下幸之助就会情不自禁地想起母亲，这时眼泪就再也止不住了。松下幸之助本来就是个比较爱哭的孩子，最初工作的四五天，每天晚上泪水都会打湿枕头。即使待久了以后，偶尔想起母亲他还是会哭。更让人难堪的是，松下幸之助晚上竟然会尿床。这个爱哭又爱尿床的孩子真是让人伤透了脑筋。

过了一段时间后，松下幸之助的主要工作除了看孩子，还有打磨火盆。烧制出来的火盆必须得打磨光滑。这可不是件容易的事情，要先用砂纸擦一遍，然后再用一种名叫木贼的草晒干后再抛光。一件上等的火盆，光用木贼抛光就得花上一天的工夫。一个月后，松下幸之助的一双小手就变得粗糙不堪，红肿得像个小馒头。每天早上用抹布擦柜台的工作就成了一种苦役，手上裂开的口子沾水后就像一条条钻进皮肤里的小虫子，让他又痒又痛。

9岁，本该是在父母膝下撒娇的年龄，松下幸之助却不得不独立面对一切。好几次松下幸之助都忍不住跑到父亲那哭诉，松下正楠虽然心疼，却也没有办法。也正是在这点滴的磨砺中，松下幸之助慢慢成长了起来，渐渐学会了坚强和忍受。

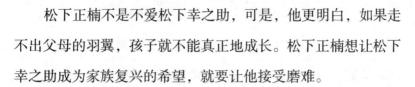

松下正楠不是不爱松下幸之助，可是，他更明白，如果走不出父母的羽翼，孩子就不能真正地成长。松下正楠想让松下幸之助成为家族复兴的希望，就要让他接受磨难。

正是早期这些艰苦的经历，才让松下幸之助学会了关心普通民众的生活、体察社会民生的疾苦，让他在日后的经营中以国家民族的兴旺和消除贫困为企业发展的使命。

火盆店的学徒生涯虽然辛苦，但当松下幸之助第一次领到薪水时，还是高兴得不得了。其实，学徒的薪水是很低的，每逢初一和十五各发一次薪水，每次只有5分钱。但对松下幸之助而言，自己可以像大人一样能够赚钱并承担家庭的责任，还是令他高兴的。

无论如何，松下幸之助还是个孩子，只要是孩子就会犯错误。这次，他的错误让他损失了1分钱。

事情要从一种叫铁陀螺的玩具说起。这种玩具在当时是很多男孩子非常喜欢的。孩子们轮流把铁陀螺甩在盆子里打转，谁能让铁陀螺转得久谁就是赢家。

一天，松下幸之助看到邻居家的孩子们正在玩铁陀螺，孩子们叫他："松下幸之助，快来和我们一起玩吧！"

小松下幸之助这时正背着老板家的小孩儿，可是他无法抵挡铁陀螺的诱惑，很快和孩子们玩了起来。就这样松下幸之助背着小少爷，甩起了铁陀螺。他玩得正开心，一时用力过猛，竟把背上的小孩儿甩翻了下去。小孩儿头朝下跌了下去，松下

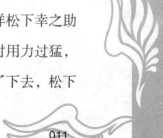

幸之助顺势把孩子的脚抓在手里，但孩子的头跌在了地上，头上立刻肿起一个大包。小少爷哇哇地哭了起来，邻居的孩子们都吓得说不出话来，松下幸之助的脸也吓得煞白，他一下子扔掉了铁陀螺，赶紧抱起孩子。可是，孩子一直哭个不停，松下幸之助怎么哄也哄不好。

如果这么回家，自己肯定会被骂死的，说不定连工作都保不住了。松下幸之助真的不知道该怎么办才好，突然，松下幸之助想起小孩子可能会喜欢点心。他马上跑到饼店给孩子买了一个豆包。孩子吃着豆包，停止了哭泣，松下幸之助总算松了一口气。

可是这个代价太大了，那可是一家高级饼店，这个豆包花了松下幸之助1分钱，这是松下幸之助3天的薪水。

回到店里，松下幸之助把事情老实地说了出来。他本以为老板会痛骂他一顿。可是，他们真的宽容了这个孩子，笑着说："你这小鬼倒很阔气啊！"

老板和老板娘都没有责怪自己，但松下幸之助自己却暗暗自责，他发誓以后再也不会因为贪玩而耽误正事了。

第三节　生命中的第一位恩师

> 人生没有百分之百的不幸；此一方面有不幸，彼一方面却可能有弥补。"天虽不予二物，但予一物。"人们不要一心去强求二物，只要把一物发展好，人生就相当幸福美满了。
>
> ——松下幸之助

时间的脚步悄悄迈进了1905年，松下幸之助已经在火盆店待了3个月。这一年的2月对日本人来讲是令人高兴的。日本赢得了日俄战争的胜利，街道上到处都弥漫着胜利的喜悦。但对松下幸之助而言，自己在火盆店的学徒生涯就要结束了。

随着经济的发展，日本人的生活发生了巨大的变化，火盆店的生意一天不如一天。因此，宫田不想再经营火盆店了，他打算到别的地方去。这样，松下幸之助就不得不结束自己的学徒生涯。

幸运的是，宫田在走之前，把松下幸之助介绍到了另一家店去当学徒——五代家的自行车店，松下幸之助在这里一待就是 6 年。这 6 年，松下幸之助真正地成长了起来。

五代自行车店的老板叫五代音吉。当时，自行车刚刚开始流行起来，五代先生认为卖自行车一定会很赚钱，因此决定要在船场附近开一家很大的自行车店，正在招学徒。就这样，松下幸之助来到了五代先生的自行车店。

五代一家和松下家很有渊源。松下正楠正是在五代音吉的哥哥五代五兵卫的盲哑院工作。五代兄弟俩都是有坚强意志和创业精神的人。

哥哥五代五兵卫16岁时，双目突然失明。但作为长子，他依旧挑起了赡养母亲及照顾众多弟妹的重担。他先是去学做按摩师，五代五兵卫是一个非常聪明的人，很快就学会了这门技术。五代五兵卫并没有止步于此，他后来又亲自发起了合会，但在1875年合会破产了。五代五兵卫债务缠身，在走投无路时甚至想要自杀。自杀未遂的五代五兵卫重整旗鼓，他一边继续当按摩师，一边学习当土地经纪人。后来，他成了专业的土地经纪人，有着令人惊讶的为房子估价的本事。五代五兵卫虽然是个盲人，但只要走进一幢房子，他就能正确地判断那个房子的新旧程度和价值。所以顾客们都说，只要请五代先生看一看，准错不了。

五代五兵卫是一位胸怀大志的人。他的事业越来越成功，但他从未忘记那些和自己有着同样命运的人。他创办了大阪第一所盲哑学校，帮助那些残疾人自力更生。五代五兵卫并不是什么富可敌国的富商，但却凭借个人有限的财力创办了盲哑学校，这在当时不能不说是一个壮举。

在哥哥的影响下，弟妹们都很早就学会了自立。像松下幸之助的老板五代音吉先生，8岁就去盆栽园做学徒，他自立后尝试做过很多生意，也曾失败过很多次，但他凭借着超人的意志和毅力，最终获得了成功。

当时自行车在一般人眼里是特别贵重的东西，算得上是一种高级的消费品，只有富有的人家才买得起。

1908年东京三越百货大楼兴建完成，年轻的店员骑上自行车满街兜风送货。五代音吉敏锐地意识到，自行车将会越来越受欢迎。他开始做起了自行车的生意。

五代音吉的五代自行车商会初建时只有500日元的资本。当时日本自己还不能制造自行车，全部都是从美国或者英国进口的。一台英产自行车的价格为50日元，这点资本只够进两三辆自行车和一点配件。最开始时，五代音吉只有卖掉一辆才能再进一辆，但后来销量不断地增加，四五年后雇用的员工也增加到了七八个人。成功的原因是老板五代音吉并没有局限于出售自行车，他自己开始设计自行车的零部件。

我们知道，自行车必须要有充气筒。但在当时，每辆车只带一支充气筒，如果客户一旦把充气筒丢了的话，就必须向国外的生产厂家下订单。这样就会耽误很长时间，经常有人向五代音吉抱怨这一点。五代音吉从中看到了商机，他开始生产销售充气筒。除了自己销售外，他还批发给神户县的批发商们。这让五代自行车商行的生意一下子火了起来。

五代音吉趁热打铁，又开始琢磨新的生意。他发现自行车的标志不同销量也会不同。因此，他开始设计自行车商标，并把这些商标送到厂家，让厂家在产品上打上这些商标再销售。他自己设计了"王""莱茵"和"埃特纳"等商标。这一举措果然有效，商品的销量很快有了一个大的飞跃。

一种商品多样化，这种经营理念在同时代的商家中是不多见的。五代音吉作为新兴商人，没有那些代代相传的老字号店铺的保守思想，他的发展得益于他经常开拓新市场。看着老板通过智慧将生意越做越大，学徒时代的松下幸之助也慢慢悟出了企业生存的真谛。

松下幸之助一直珍藏着一张与五代音吉夫人的合影。照片上的松下幸之助剃着光头，穿着一件立领衣服，他一脸严肃地盯着镜头。五代音吉夫人盘着圆髻穿着和服，目光是那么的慈祥。这张照片充分体现了五代音吉夫妇对松下幸之助的关爱。

这件张照片拍摄于五代自行车商会某一年的周年纪念日那天，老板把员工们都招集起来拍照合影。可是，在照相时，松下幸之助正好外出办事没有赶上。在那个时代，一般人很少有机会照相，更不用说一个从乡下来的小学徒，所以松下幸之助心里很难过。五代音吉夫人为了安抚松下幸之助，特意把他带到了照相馆和他一起拍了合影。能够在五代音吉先生的自行车

店工作，对松下幸之助来说是一件幸运的事，五代音吉夫妇对学徒非常好。

后来，松下幸之助在回忆五代音吉夫妇时，说道："虽然我是学徒，但他们却像对待自己的孩子一样疼我。我自幼离家，寄人篱下做学徒，却没有感觉那么孤单，而且做得也非常轻松。"

第四节　两难的选择

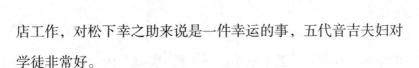

热爱工作是事业成功的基本条件。

——松下幸之助

每天早晨五点半，自行车店的学徒们都要准时起床。洗漱之后要马上打扫店铺、擦桌椅、整理陈列的商品，然后简单地吃完早餐后，学徒们就要开始一天的工作，要卖货、送货，还要见习修理自行车或给老师傅当助手。直到晚上十点钟，学徒们才算结束了一天的工作。每天工作十五六个小时，其辛苦可想而知。

学徒的生活还是比较艰苦的，一日三餐吃得非常简单，只有每月的初一和十五，午餐才会有鱼。至于休息日，那就更少

得可怜了。当时的公休日一年中只有过年、天长节（日本天皇的生日）和夏祭，其他日子都不休假。学徒们天天都盼着这几个公休日，仿佛只有这样，才能提起精神来工作。

虽然生活清苦，但松下幸之助还是觉得很快乐，因为他在这里学到了很多东西。

自行车店的学徒自然得会骑自行车了。五代音吉的经营理念是非常开明的，当时自行车的价格是非常昂贵的，一般的老板都舍不得给别人骑。可五代音吉不同，他认为，店员骑车出门也是一项活广告。男孩子在路上骑着自行车，是一件非常时髦的事，这样可以让更多的人希望拥有自行车。而且店员如果不会骑车，也就不能熟悉产品，更难以做好推销和售后服务工作。这种看似吃亏的做法却给店里拉来了更多的生意，而这种观念也潜移默化地影响着松下幸之助的经营理念。

松下幸之助到店里的第一天，五代音吉就要求他一定要学会骑自行车。当时没有儿童专用的自行车，松下幸之助就只有拿大人的自行车来练习。但10岁出头的孩子不可能像大人一样正规地骑，只能把脚从横梁下方伸到右边的踩踏板，以弯腰半蹲的姿势骑，实在是难看死了，而且维持半蹲的姿势也很累人。马路上人很多，松下幸之助不能到马路上去练，他就每天晚上到巷子里去练习。虽然骑法不标准，但一个星期之后，他总算学会了骑自行车，这让松下幸之助非常高兴。

在店里呆了一段时间后，松下幸之助开始给老师傅做助

手，学习怎样修理自行车。修理自行车的工作有一点像铁匠，松下幸之助从小就喜欢这类工作，他一点也不觉得讨厌，反而觉得很有趣，他很快就学会了使用店里的车床和其他设备。

其实，这项工作是很辛苦的。当时转动车床并不用电，都是工人用手转的，这对瘦弱矮小的松下幸之助来说是很困难的。最初十几分钟，他还可以撑得住，到了三四十分钟，手就根本没力气再转了。这时前辈师傅就会用小铁锤敲一下他的头。这听起来好像很粗暴，可是当时的学徒都是这样训练出来的。有人会抗议，有人会觉得委屈，可是没有办法，要想出徒，都要经历这样的过程。

若干年后，松下幸之助回忆起学徒的生涯，仍会觉得这样的方式是对自己成长的激励。

松下幸之助很快赢得了老板的信任，除了打扫卫生和当学徒，偶尔也会替老板跑腿，到顾客家去送东西，或到主人亲戚家去办事。每次出门，善良的老板娘都会亲切而细心地教他基本的礼貌，教他怎样和客户沟通。

这一时期，松下幸之助除了在店里当学徒，也常常找机会和父亲交流。每次见到儿子，松下正楠都会苦口婆心地教育松下幸之助："你一定要成功！伟大的人都是经过千辛万苦才成功的。不要灰心，要忍耐啊！"而每次松下幸之助遇到困难，都会跑去找父亲寻求帮助。

五代自行车店对面，住着一个和松下幸之助年纪差不多的

少年。每天早晨当松下幸之助出来打扫店门口的时候，就会看到那个孩子和父母告别："我上学去了。"每到这时，松下幸之助都会停下来，看着孩子的背影偷偷地叹气。

"我也好想去上学啊。"当初放弃学业去当学徒时并没有觉得特别的悲伤，但此时，他多么希望自己能够再有上学的机会。

松下幸之助11岁那年，父亲松下正楠把妻子和女儿都接到了大阪，一家人终于团圆了。松下幸之助的二姐读过一些书，所以应聘到了大阪储蓄局计算事务所当雇员。刚好局里征工友，姐姐和母亲商量让松下幸之助去做。

母亲告诉松下："松下幸之助，你连小学都没毕业，以后读书写信都不方便，所以，利用这个当工友的机会，夜间就可以到附近学校去读书。"如果能去当工友，松下幸之助就可以回到家里和母亲住在一起，还可以到夜校去学习。这可比当学徒轻松多了，松下幸之助高兴地答应了。母亲说："你去问问你父亲，如果他同意，我们就这么办。"

松下幸之助怎么也没想到，父亲会坚决地反对这件事。父亲告诉他："读书是很重要，一边做工友一边读夜校也不错，但我反对你这么做。你当学徒，不光是为了赚钱，更主要的是，你可以学会做生意。你将来如果想要振兴家业，除了经商外没有别的办法。我认为对你而言，学做生意比学习读书、写字更重要。好多连一封信都不会写的人，都能把生意做得很大。只要生意做成功，就能雇用有学问的人，所以绝对不要想去当工友！"

虽然松下幸之助无法理解父亲的想法，但也只能顺从。

若干年后，松下幸之助才真正理解了父亲的苦心。松下正楠没有把松下幸之助当学徒看成一个谋生的手段，而是想让他为未来的经商做准备。松下正楠自己是一个失败的商人，但他迫切地希望儿子通过学徒生活，能够成为一名真正的商人。

尽管放弃了上学的机会，但松下幸之助从来没有放弃过学习。每天晚上看店时或者关门之后，学徒们会有一段相对比较自由的时间，他们可以干一些自己喜欢的事。松下幸之助就利用这段时间看书，那时能看的主要都是小说。松下幸之助没有把读小说当成一种简单的娱乐消遣，他从小说中学到了很多。松下幸之助认为，小说里所反映的基本人情世态是亘古不变的，他举例说："比如地方上出现的豪杰做了些什么事情，英雄们如何做事、帮人，首领如何论功行赏、奖罚分明，可以说这些都是完全适用于经营者的学问。"在后来的人生和经营实践中，松下幸之助也确实是以这些英雄豪杰为榜样的。小说中的古代伟人、名将的精神一直影响着他的生活。

在读书的过程中，松下幸之助学到了知识，了解了人情世故，也提升了修养，逐步形成了自己最初的经营理念。松下幸之助在日后回忆起这段时光时说："我对经营的看法、想法，全是在自行车店工作的7年里，借着工作之余的时间，从小说中积累

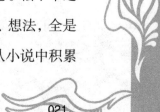

得来的，并成为活生生的学问，在今天发挥了莫大的作用。"

松下幸之助在回忆录中说："父亲的想法是了不起的。一想到我能有今天，便觉得父亲的判断是正确的。学问很可贵，可是，如果不能活用的话，反而会成为包袱并阻碍一个人的发展。我暗地里想，没有上学，反而使我提早领悟了另一方面的道理，才有了今天的成就。有福气得到学问的人要小心，不能让学问成为包袱，要真正地活用它，为人类、为世界做有意义的事。这样子，学问才是可贵的，做学问才是有意义的。"

松下幸之助虽然没有机会再接受正规的教育，但他始终都重视具有实用性的、对社会发展有益处的学问。

第五节　香烟的故事

> 所谓活的经营、活的工作是想教无法教、想学也无法学的，只有靠自己实际经历揣摩、钻研，才能领会。
>
> ——松下幸之助

松下幸之助放下求学的念头后，一边过着学徒的生活，一边开始学习做生意。

松下幸之助年龄虽然不大，但却很善于动脑思考问题。那时五代自行车店有修车的业务，到店里修车的客人也很多，有时需要等待，他们经常会叫松下幸之助帮忙买香烟。松下幸之助必须要先把因为修车弄得脏兮兮的手洗干净，再跑到附近的香烟店去。一次两次自然无所谓，可是每天跑很多次，实在是太麻烦了，也耽误时间。

有什么方法可以省时又省事呢？松下幸之助用自己攒下的零花钱先买上几种香烟放在那里，如果有客人让他去买烟，他就可以直接从柜子里取来卖给他们。这样做既能节省时间，客人们也很高兴。

后来，松下幸之助慢慢发现，如果他能一次买20包烟，店家还会赠给他1包。这样他就能多赚上1包烟钱。松下幸之助每个月赚的烟钱相当于半个月的工资，大家都夸奖他："这个小孩真聪明，将来一定能成为大人物！"

但是，这样一个互惠互利的做法却遭到了其他学徒的反对。这里是大家工作的地方，凭什么你松下幸之助一个人赚钱？于是，其他的学徒经常到老板那里表达自己的不满。

半年后，五代音吉将松下幸之助叫到了一边："别再卖烟了。我知道客人们觉得很方便，你也能赚点零花钱。但身边的人都嫌麻烦，经常跑到我这里告状。如果店里的伙计们不能团结一致，那么工作也不会顺利。你要知道，客人虽然很重要，但同伴的关系更重要。别再干了。"

松下幸之助第一次真实地感觉到，原来那些看似关系不错的伙伴们，在他们的笑容背后还隐藏着嫉妒。

松下幸之助后来回忆起这件事时说："现在回想起来，从香烟上挣下来的钱，应该拿出一部分来，就算不是全部，也应该请大家吃个饭。利益的还原，是分配啊！受到了世人的照顾，你赚了钱，就有必要把部分利益返还。不过那时候我根本没有想到这一点，毕竟那时我们都还是孩子啊！"

也是从这件事开始，松下幸之助萌发了"利益返还"的想法。这是松下幸之助后来经营理念的核心——"共存共荣"的雏形。不仅如此，松下幸之助在自行车店，更学会了如何与人相处。

松下幸之助在父亲松下正楠的老板五代五兵卫那里也学到了很多东西。

五代五兵卫经常去弟弟五代音吉家，每次五代五兵卫回去时，五代音吉都会让松下幸之助送他回去。松下幸之助在前面牵着他的手，而五代五兵卫会和松下幸之助聊天，把自己的经历讲给松下幸之助听。松下幸之助怀着崇敬之情听他讲着自己的故事，而五代五兵卫的话也扎根在了松下幸之助的心里，这些都对他管理理念的形成产生了重要的影响。

第六节　突来的责任

> 人的一生，或多或少，总是难免有浮沉，不会永远如旭日东升，也不会永远痛苦潦倒。反复地一浮一沉，对于一个人来说，正是磨炼。因此，浮在上面的，不必骄傲，沉在底下的，更不用悲观，必须以率真、谦虚的态度，乐观向前迈进。
>
> ——松下幸之助

父亲对松下幸之助的影响也颇深。自从两个儿子相继离世后，父亲一直把所有的希望都寄托在家中唯一的男孩儿——松下幸之助的身上，父亲不断地以他的爱鞭策着松下幸之助。然而，这样的爱是短暂的，在松下幸之助进入五代自行车店一年多后，父亲永远地离开了。

1906年9月29日，松下正楠死于脚气冲心。在当时，得这种病的人非常多，被称作"国民病"。脚气冲心，就是脚气病恶化引起的心脏衰竭。那一年在日本，有近8000人死于这种病。

松下正楠死后，老板五代五兵卫承担了全部的后事。他抚慰松下幸之助一家，并将松下正楠的遗骨送回故乡。五代五兵卫所做的这一切，只是在悼念自己的一位尽职尽责的员工，但对于松下一家而言，五代五兵卫给他们带来的却是亲人般的温暖，五代兄弟极大地鼓舞了松下幸之助。

父亲的离去除了让松下幸之助悲痛欲绝，也让他的精神紧张起来。因为他现在是家里唯一的男人，是家主。在当时的日本，无论在法律上还是在人们的意识中，家主的地位都是至高无上的。家庭成员要结婚或收养孩子，都必须征得家主的同意。日本的旧《民法》中甚至规定，如果没有家主的同意而擅自结婚，就要受到严厉的制裁。家主可以剥夺其作为家庭成员的身份，并且不允许其重入户籍。

可是，松下幸之助这样的家主实在是太小了，他只有11岁。没有任何财产可以继承，连养活自己的能力都没有。他现在只是一个小学徒，根本无法承担起家主的责任。

松下正楠去世后，母亲和姐姐无法继续在大阪生活下去，她们搬回了家乡。母亲和姐姐离开后，松下幸之助只能孤身一人留在大阪继续奋斗。作为一家之主却不能尽到相应的责任，这让松下幸之助感到很痛苦。自己应该为这个家庭做点什么呢？哪怕再多一点点收入也好。松下幸之助想到了自行车赛。

那时，自行车竞赛在日本盛极一时，这是一种促销的手段。人们看着比赛中疾驰的身影，就会关注优胜者所骑的自行车。一旦哪个选手获胜，他所骑的那个牌子的自行车销量就会马上增加。因此，各个自行车批发商都愿意赞助这种比赛，比赛遍及全国。

在大阪，这种自行车赛的主办方是大阪新报社。这种比赛既有面向成年选手的竞赛，也有孩子们可以参加的幼年组比赛。五代自行车店因为有自己品牌的自行车，所以经常有选手到店里走动。因为这个关系，松下幸之助也想当一名自行车选手。

当时，松下幸之助的工资是一个月1日元左右，这点钱根本没有办法养活母亲和姐姐。如果真的能成为专业选手，参加比赛获奖后得到的奖金和奖品是相当丰厚的。松下幸之助决定要当一名自行车赛车选手，他的想法得到了老板五代音吉先生的支持。五代音吉答应松下幸之助，在不影响工作的情况下可以去练习，然后参加比赛。

自行车赛的赛场设在位于大阪西南部的住吉公园，距离五代自行车店有10公里远，要骑大概20分钟才能到。松下幸之助每天早上四点半就起来，跑到住吉公园的竞赛场进行训练。就这样，松下幸之助后来到各地参加比赛，有好几次都得了第一名。一天，意外发生了。松下幸之助参加自行车赛，当他就要接近终点时，自己的自行车前轮撞到前车的后轮，车子翻倒，松下幸之助的左锁骨一下子就骨折了。松下幸之助被送到了伊

吹堂接骨场，整整待了一个半月。出院后，五代音吉先生再也不允许松下幸之助参加比赛了。

第七节　第一笔生意

> 能打动人心的，毕竟还是诚实。口才、金钱固然重要，但最能感动人、抓住人心的，还是诚实。
>
> ——松下幸之助

一晃，松下幸之助已经13岁了。不仅涨了工资，也有机会去访问顾客。但让他遗憾的是，自己仍没有机会独立卖出一辆自行车。自行车在当时还属于奢侈品，一辆自行车价格在一百日元左右，相当于今天一辆汽车的价格。因此，卖车这样的事是老板的事，松下幸之助充其量也就能去送送车罢了。

一天，机会来了。街上蚊帐店打来了一个电话，让店里送一辆自行车过去看看。正巧，店里除了松下幸之助，一个学徒也没有。五代音吉无法离开，就让松下幸之助把自行车送过去。也许换了别人，简单地把车送过去就算完成了老板的指示，但松下幸之助没有这样做。他把这看成是自己能够完成的一桩生意，他高兴极了，飞快地把自行车送了过去。

松下幸之助使出了浑身解数来介绍自行车的优势，游说老板购买。老板看着这个可爱的大男孩，被他的认真和执着感动了。他摸着松下幸之助的头说："好吧，你回去和五代音吉先生说，如果他能打九折的话，我可以买下来。"松下幸之助听了，马上跑回去问老板。五代音吉先生同意打折，但只可以打九五折。五代音吉说："你再去跑一趟。"松下幸之助觉得很辛苦，也感到很委屈，竟然哭了起来。五代音吉很生气，大声地斥责松下幸之助："你到底是哪家的伙计？这有什么可哭的！"松下幸之助绝望极了，他想蚊帐店老板一定不会同意的，这意味着自己的第一笔生意失败了。松下幸之助一直不停地哭着，这时，蚊帐店的老板等得不耐烦了，派了一个伙计来询问买车的事。五代音吉先生说："这个孩子真是的，非要打九折卖给你们。我不同意，他竟然在那哭了起来。"

伙计回去把事情告诉了老板。老板被松下幸之助的热心和真诚感动了，他同意以九五折的价格买下那辆车。老板让伙计告诉松下幸之助，只要松下幸之助在这家自行车店，他是不会在其他自行车店买自行车的。这让松下幸之助欣喜若狂，没有什么比对自己的肯定更让一个年轻人高兴的了。这桩眼泪做成的生意让松下幸之助领会到了真诚在商场上的力量。

松下幸之助这种热情的态度，为他今后的经营带来了很多帮助。松下幸之助既没有傲人的学历，也没有让人羡慕的

背景，但只要他接受了工作，就会满怀热情地完成工作，因而开创了辉煌的事业。

松下幸之助一天天地成熟起来，他有了自己的主见，不再盲目地听从别人的意见了。

一天，松下幸之助发现自己的一个同事竟然偷偷把店里的东西卖了，然后把钱私吞掉。这个同事非常能干，经常帮老板解决问题。五代音吉先生在狠狠地教训了他之后，竟然原谅了他。因为五代音吉先生认为他是个孩子，又是初犯，在教训后决定把他留下来。

松下幸之助强烈反对老板的决定，他不想和这样的人一起工作。他告诉五代音吉先生："我真的没有办法和这样的人共事，如果您留下他，那么我只好辞职了。"松下幸之助的反应有点过度，毕竟，选择什么样的员工是老板的事。可是这次，松下幸之助坚持要走。五代音吉先生很犹豫，权衡之后，他选择了开除那个偷东西的员工。不管这个人有多能干，五代音吉先生都不愿意影响到员工的团结。

时间过得很快，松下幸之助已经在五代音吉先生的店里工作了6年。他从一个懵懂的孩子成长为一个精明能干的小伙子。他离开五代自行车店的日子很快到来了。

学徒生涯虽然艰辛，但却练就了松下幸之助坚韧不拔的毅力和克服困难的决心，这些都是成功者必须具备的。松下幸之助后来谈到自己的这段经历时说："每次遇到困难的时候，也正是我发挥少年时代磨炼出来的素质和本领的时候。这种少年时经历磨炼的人，和那些因悲观而跌倒爬不起来的人截然不同。这种骨气，根植于少年时代，渐长而渐成。那么，在什么地方可以得到这样的磨炼呢？自古以来公认的地方是大阪船场。同样在大阪做事，想进入船场的商铺，需要关系，更需要好的素质，甚至还要进行考试，这并不是轻而易举的事情。所以，大阪船场可以说是集天下英才之地。这些本来天分不低的人，又加以数年严格的历练，所形成的本领、骨气不是任何困难和逆境所能动摇的。"

大阪商人们对于招牌的重视、顾客至上的生意经，都成为日后松下幸之助经营理念的基石。在松下幸之助后来的经营实践中，他继承了大阪船场商人的传统，视信誉如同生命、如同法宝。在处理许多事情的时候，他宁可有经济损失，也不干一丝一毫有损信誉或可能影响信誉的事情。

松下幸之助从五代家所学到的，远不止这些。五代老板的生意经，也是松下幸之助以后立业、发展的经营秘诀。比如，松下幸之助向来有"绝不降价求售""商人必须赢利"的主张，这种观点，就来自五代先生。松下幸之助先后提出了"把顾客当作主人""为顾客选购""卖货要像嫁女儿""把乞丐当作尊贵的顾客""售后走访好处多"等主张和口号，可以说这些经营理念与五代音吉的思想有着诸多相似。

Panasonic

第二章 披荆斩棘的创业路

Panasonic

第一节　不能再当学徒

> 我们好像每天都在做同样的事情。今天
> 是昨天的重复，明天又是今天的翻版，真是
> 单调又平凡。但如果每天只是翻来覆去地连
> 续，人生就毫无希望、毫无意义了。倘若希
> 望繁荣、和平与幸福，生活不应是单调的反
> 复。今天应该比昨天进一步，明天则比今天
> 进一步，也就是每天要有新发展。
>
> ——松下幸之助

明治维新之后，日本大量引进西方文明，开始向西方学习先进的技术，电业就是其中一个重要的方面。日本也开始进入第二次工业革命阶段，电业发展给日本带来了翻天覆地的变化。大阪市也不例外，电力的引进使城市充满了活力。短短几年，日本就有了自己的电厂，大阪的街景也与往昔大不相同，许多家庭开始使用电灯，古老的商店被改建成西式洋房，大型工厂到处可见，烟囱冒出的黑烟更加醒目，取代学徒、工匠的工人愈来愈多。日本的工业得到了迅速的发展，日本已朝向近

代工业国的方向迈进。

电灯给城市带来光明的同时，也让松下幸之助意识到了自行车行业的危机。那时候，自行车愈来愈普及，已经由奢侈品变成了必需品。五代老板的生意越做越大，已由零售商发展成为相当大的批发商。1910年，大阪市计划要在全市铺设电车。第一条线路已经全通，其他路线的工程也在积极进行。人们开始选择电车作为新的交通工具。松下幸之助认为，有了电车以后，骑自行车的人一定会越来越少，那么自己一定得换一个新兴的行业作为未来发展的方向。松下幸之助敏锐地意识到，在未来的日本，电器行业一定会有很好的发展前景。

松下幸之助决定辞职，投身电器行业。看到大阪的街道上已经有了电车，松下幸之助觉得，也许未来电车将会完全取代自行车，自己必须寻找新的行业，这样才能更好地创业。他认为将来一定是电器的时代，如果自己能进入到大阪电灯株式会社，学习电器制造的知识，将来一定会有很大的发展。松下幸之助决定和姐夫商量一下这件事。

松下幸之助的二姐阿岩比他年长20岁，早已和同样来自和佐村的龟山长之助结婚，婚后两人生活在大阪。松下幸之助对姐夫非常信任，他告诉姐夫自己想进入大阪电灯株式会社做内线员的想法。龟山长之助支持松下幸之助的想法，并答应帮助他。

对于离开五代家，松下幸之助是很矛盾的。在父亲去世后，这里已经是自己的另一个家，从感情上讲真的难以割舍。五代夫妇对松下幸之助非常好，他们对他有着很高的期待，他在五代家也学到了很多东西。

松下幸之助希望寻找更好的机会发展，可是不知道如何和老板张口，最后，选择了一个非常孩子气的做法——不辞而别。他让大姐发来了一封母亲病重的电报，然后就从五代家消失了。

虽然不在五代家工作了，但松下幸之助早已把五代夫妇当成了自己的亲人，他太想五代夫妇了。终于有一天，他忍受不住思念之情，跑回了五代家。回到五代家，就像回到自己的家一样，他什么也没说就到店里面一起帮忙修理自行车。

五代音吉先生看到松下幸之助，就和他聊起天来："是松下幸之助来了啊，你到底干什么去了？"

松下幸之助马上站了起来，谎称："我到电灯公司工作了。今天休息，我想过来看看您，顺便帮帮忙。"

从那天起，每到休息的时候，松下幸之助就到五代自行车店去帮忙。五代音吉先生以为松下幸之助想回来，没有计较他的不辞而别，而是对他说："你要是想回来就回来吧，你现在领多少薪水，我们也给你多少。"

松下幸之助不是想回去，只是想去店里帮帮忙。但五代音吉先生这么一说，他就再也不能去了。无论如何，五代夫妇都是他尊敬和喜爱的人。后来，松下幸之助最早卖的自行车灯就

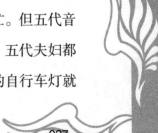

是先放到了五代自行车店来销售，以报答五代夫妇的恩情。

离开五代自行车店后，松下幸之助住到了二姐阿岩家，等待着真正去电灯公司上班的机会。可事情并没有他想象的那么顺利，松下幸之助本以为，自己很快就可以到电灯公司去上班。可是电灯公司却回复他："现在没有空缺，不能马上录用你。你得等一段时间才能来上班。"

松下幸之助这下可犯难了。自己当学徒挣的钱每个月都补贴家用了，手里根本没有任何积蓄。如果不能马上上班，一个大小伙子，没有什么收入，每天无所事事地待着，就只能在姐夫家白吃白喝了。松下幸之助绝对不能允许自己这样做。他和姐夫商量，到姐夫工作的樱花水泥株式会社当了一名搬运工。

当时的樱花水泥株式会社是大阪一家大型的水泥生产公司。搬运工作的劳动强度非常大，能够在水泥公司当搬运工的人，都是些身强体健的壮汉。虽然松下幸之助一直在店里当学徒，但毕竟他只有15周岁。不管如何努力，他都无法像那些壮汉一样装车、搬运、卸车。他常常会被后面的推车赶上，好几次差点被撞上。这时，后面的人就会焦急地骂他："小兔崽子快点推，慢吞吞的会被撞死的！"没有人会同情和怜悯这个孩子。这些人都是临时工，干活少拿到的工资就会少。如果他的速度慢，别人的工作就会直接受到影响。

虽然松下幸之助很努力，但还是力不从心。干了十天左右，监工同情地对松下说："你的身体不是干这活的料，赶快

和创造世界名牌的人

一起放飞梦想

Let the dream fly

去找别的工作吧。"他分配了一份比较轻松的工作给松下幸之助。松下幸之助被派到了工厂里去，主要负责看守测量水泥的机器。可是，这个工作对松下幸之助来说更加艰巨。虽然不用出太多的力，但工作环境实在是太糟糕了。车间里到处弥漫着沙尘，五尺以外的东西什么也看不到。尽管工人们用布包住了眼睛和嘴，但一小时之后，嘴里依然满是沙土，喉咙也痛得要命。在这种恶劣的工作环境下，松下幸之助只工作了一天，就没有办法再待下去了，他不得不回去接着当搬运工。松下幸之助慢慢地习惯了搬运的工作。虽然每天都很累，但他还是坚持了下来。

1897年大阪湾修建工程开始进行填海造陆。松下幸之助工作的樱花水泥株式会社就盖在这片填海新生地上。因此，公司每天都用小蒸汽船送公司职员上下班。工作虽然辛苦，但每天坐船回来的时候，员工们都可以一边欣赏着海上的风景，一边感受着海风轻轻地从脸上拂过。这时的人们都体会着劳动之后的轻松快乐。

一天，意外发生了。员工们都坐着小蒸汽船回家，松下幸之助坐在船舷上看夕阳，一个船员从他身边走过时，不小心滑了一跤。他抓了松下幸之助一把，结果两人一起掉到了海里。松下幸之助在海水中一边挣扎，一边看着船越开越远。过了一会儿，他看到船调头开了回来。真是幸运，如果船上没人看到他们落水，那他们就被淹死了。当松下幸之助和那个船员被救

起来时，他觉得自己实在是太幸运了。这次事故所带来的偶然幸运，后来支撑松下幸之助迈过了一个又一个关口。当他的生活中出现困难时，他都会在心里告诉自己，自己是命运的宠儿。这成为支撑松下幸之助继续奋斗的坚定信念。

1910年10月21日，在做了三个多月的搬运工后，大阪电灯公司终于通知松下幸之助，电灯公司有内线员的空缺，他可以进入电灯公司工作了。松下幸之助终于踏出了迈进电器界的第一步。进入电灯公司后，松下幸之助每天拿到手的工资是20日元。这比之前当学徒的工资增加了近10倍。松下幸之助终于能够勉强尽到家主的责任了。

第二节　最年轻的技术员

> 就算进入这家公司是命中注定、是缘
> 分，也必须开始立志奋斗，自动去有效利用
> 这命运。
>
> ——松下幸之助

当时的电器主要是电灯，因为对电的了解少，大家都认为电是很可怕的，一碰就会死。所以，电成了只有电灯公司的人

才能处理的东西。因此，人们觉得能接触电灯的人一定不是一般人。他们把电灯公司的技工或职工当作特殊技术人员，十分尊重。

按照公司的规定，松下幸之助要在电灯公司担任内线员见习生3年，之后只有通过考核，才能成为正式职员。松下幸之助被分配到屋内配线员那里做助手，配线员的工作就是到客户家去连接电线，助手则负责拉着满载材料的手拉车，跟在正式技工后面走街串巷。这种手拉车非常难用，虽然车身轻，但只要拉上一点东西，就会变得沉重无比。松下幸之助每天都要拉着车子跟在配线员后面跑五六家，下午4点多钟才能回到公司。虽然辛苦，但比起搬运工的工作松下幸之助觉得这轻松多了。

松下幸之助的经历告诉我们每一个人，我们所经历过的所有苦难，有一天终将成为我们一生中最宝贵的财富。只有脚踏实地走好每一步，才有可能厚积薄发，走向成功。

松下幸之助很快熟悉了自己的工作。他每次出去干活，都虚心地向技工学习。一两个月后，简单一点的工作只要有正式技工看着，松下幸之助自己也能完成了，他越来越喜欢自己的新工作。技工师傅忍不住夸奖这个新人："你这个孩子心灵手巧，将来一定能成为一个好技工。"松下幸之助听了非常高兴，更加认真地学习技术。

3个月后，松下幸之助由助手提升为正式技工。在这么短

时间内就升级为正式技工，在当时来讲是一个特例。日本是一个等级森严的国家，正式技工和助手之间近似于一种主仆关系。干完工作，助手要马上给正式技工打水洗手，甚至要给正式技工修木屐。成为正式技工，意味着身份的改变。这个只有16岁的孩子，成为公司提升最快的技工。

只有16岁的松下幸之助，经常带着比自己年长的见习生出去工作。虽然松下幸之助的年纪小，但技术好，人品又好，很快赢得了同事和客户的信任和喜爱。每次出去工作，都有人夸奖他："这么年轻就能当技工，做这么难的工作，可真是了不起啊！"听到这样的话，松下幸之助很是得意，也越发干得卖力了。松下幸之助渐渐地开始小有名气了，常常被客户指名担任特殊工程。

从普通住宅、店铺，到剧场、大工厂，所有大阪市内新增设工程的电灯工程，全部经由电灯公司职工亲手完成。松下幸之助在电灯公司的7年中，参与了众多这样工程的建设。

1912年，每日新闻社准备在滨寺公园开设海水浴场，新的海水浴场要设置广告用的装饰灯，大阪电灯公司承接了这一项目。当时这类工程很少，所以电灯公司非常重视这个项目。公司让实力较强的内线组负责这项工程，并精心选拔了15个职工参与。松下幸之助虽然只有17岁，但由于技术出众被选到了内线组。这是对这个年轻人工作能力最大的肯定。

滨寺公园海水浴场开设之初，去的人并不多，环境设施还相当简陋。可是，当新的广告装饰灯亮起来后，大家开始对海水浴产生了浓厚的兴趣。浴场逐渐增加了健康、运动等方面的设施，为社区带来了很多的福利。

松下幸之助深深体会到，这种面向社会的工程项目，不仅能够满足客户需求，而且能够带来很强的社会效应。松下幸之助暗暗下定决心，今后自己经营的事业，也要以大众的利益为中心去进行。松下幸之助是一个勤奋工作的人，更是一个善于思考的人。他能从自己的每一项工作中获得新的认识，这也是他能够成功的原因之一吧。

松下幸之助参与的第二个大的工程就是芦边剧场改建工程。把芦边剧场改建为电影院，是一项复杂的工程。为了保证质量，公司派三组工作人员去做这个电灯工程。松下幸之助是这三组工人的总负责人，这是他第一次担任如此重要的工作。松下幸之助暗下决心，无论如何一定要圆满地完成任务。

这个项目在电灯工程设计方面有很多新的要求，要在户外广告上安装饰灯，还要在内部装很多美术灯。这个工程的工期短、任务重，因此松下幸之助每天都奋斗在工作现场。要想按时完成工作，电灯工程就要跟建筑工程密切配合。如果双方沟通不好，就不能按时施工，工期就会延误。例如，电灯工程需要搭脚手架，建筑工人也需要。如果双方衔接不好，就会导致电灯工程搭一次，建筑工程再做一次，这样就会浪费时间和金钱。

松下幸之助没有把电灯工程仅仅看成是自己的工作，他觉得，既然参与了改建工程，那么每一个人都有责任保证整个工程的顺利完成。因此，他经常与建筑包工负责人联系。那时的松下幸之助还很年轻，建筑工人多半粗鲁，松下幸之助以前很少接触这些人，因此和他们的沟通很吃力。但松下幸之助没有放弃，他不断琢磨建筑工人的处事方式，尝试以他们的方式沟通。很快，工人们都认可了这个年轻的电灯工程负责人，工作越来越顺利。年底开幕之前，按要求要试灯。可是有一部分工程尚未完成，只好把试灯的日期延后两三天。眼看着开幕的日子一天天接近，剧场主人坐不住了，他一见到松下幸之助就问："到时候灯会亮吗？"

为了保证按期完工，松下幸之助督促部下，开夜车赶工。当时正好是12月份，又是室外工程，夜间寒冷的天气令人无法忍受，松下幸之助和手下的工人们一起连续三天不眠不休地干着，终于在开幕的前两天顺利完成了试灯。当电灯亮起的一瞬间，工人们欢呼雀跃，有的人甚至喜极而泣。在整个施工期间，没有一个人偷懒，个个都很拼命。松下幸之助凭借着自己良好的沟通能力、出众的领导能力和认真的工作态度获得了大家的认可。

本来让这个20岁的小伙子担任总负责人，大家还心存疑虑，现在公司上下都对他刮目相看了。完成任务后，松下幸之助对自己有了信心。他原来从未发现自己可以领导这么多人一起工作，他越来越喜欢自己的工作。他坚信，只要自己努力下去，一定会有更美好的未来。

　　每次回忆起那段时光，他都觉得很幸福很甜蜜，因为在那里松下幸之助找到了自己的价值。在电灯公司，他培养了自己对电器的兴趣，明确了自己的事业方向，还学会了精湛的电器技术，积累了丰富的实践经验。更为重要的是，这次经历极大地激发了松下幸之助克服困难、超越自我的勇气与决心。

第三节　求学和结婚带来新的思考

> 　　一个人一生可能爱上很多人，等你获得真正属于你的幸福后，你就会明白以前的伤痛其实是一种财富，它让你学会更好地去把握和珍惜你爱的人。
>
> ——松下幸之助

　　松下幸之助到电灯公司正式上班后，就从姐姐家搬了出来。他在结婚前都和同事芦田寄宿在一位同事金山先生家。每月的寄宿费七八元，包括三餐。松下幸之助很喜欢寄宿的生活，有人帮助料理三餐，相对比较自由，没有人过多地约束自

己。事实上，松下幸之助也不是一个需要别人约束的人，他没有因为进入电灯公司而沾沾自喜，而是努力学习新的知识。

当时大家都认为，电气工人没有电机知识不行，所以松下幸之助的很多同事都到夜校上课。和松下幸之助同住的同事芦田君，当时也在关西商工学校读书。芦田为人品行端正，跟松下幸之助一同寄宿。两人很合得来，常常在一起聊天。他和松下幸之助同龄，人也很能干。芦田是高等小学毕业的（小学六年毕业后再继续读两年叫做小学高等科，也就是高等小学），虽然和松下幸之助一样也没有念太多的书，但字却写得很漂亮。两人在一起时，芦田经常会劝松下幸之助去夜校读点书。松下幸之助有点动心了，但他又拿不定主意。松下幸之助知道，自己要想在电气行业谋求更好的发展，就一定要学习。但自己小学只念了四年，底子太差，阅读和写作能力都很差，害怕自己没有能力完成学业。

一天，老板娘请芦田写了一张"注意事项"贴在自来水龙头旁边。芦田的字写得很漂亮，房东和老板娘赞不绝口。想到自己歪歪扭扭的字迹，松下幸之助开始暗暗发奋学习。18岁时，松下幸之助进入了关西商工就读预科。

这样，每天5点一下班，松下幸之助就匆匆回到寄宿处，匆忙地吃过晚饭后就赶去上课。因为夜校的课是从晚上六点半到九点半，要上3个小时。对于一个只有小学四年级文化的人来讲，听课真是太吃力了。可是，松下幸之助还是凭着坚忍的毅力坚持了下来。一年后，他竟然修完了预科，升入本科。

松下幸之助入学时，预科有500人，后来只有370人拿到了预科毕业证。松下幸之助的成绩是第175名，属于中等偏上水平。作为一个只有小学四年级文化的人来讲，这已经很不容易了。进入本科后，功课的难度一下子加大了。除了三角学外，几乎所有的课程都要记笔记。老师讲课的速度很快，无论如何努力，松下幸之助都跟不上老师的进度。最终，松下幸之助只好放弃了学业。后来松下幸之助每次回想起这件事，都觉得非常遗憾。如果当时能像做搬运工时那样，咬紧牙关坚持下去，对他一定有很大的帮助，那么他的事业可能会更顺利一些。

1913年，松下幸之助的母亲去世了，这让他悲痛万分。在松下正楠去世后，母亲带着女儿回到了和歌山。但是，在那里她们如何生存呢？松下幸之助还是个学徒，工钱连养活自己都很困难，更不用说照顾他们母女俩了。母亲无奈地选择了再婚。对象叫保田兴一郎，经济比较宽裕，也有自己的房产。

依照当时日本的民法，松下幸之助是家主，母亲的再婚必须得到家主的同意。可是，松下幸之助自己都养活不了自己，如何能决定母亲是否再婚呢？他没有决定的能力，只能同意母亲再婚。这件事对松下幸之助的影响很大，也是促使他离开五代家的原因之一。后来，自己刚刚有能力照顾母亲了，母亲却不在了。松下幸之助每当回忆起母亲时都会自责不已："如果母亲还在世的话，我什么都可以为她做。这样的愧疚让我始终

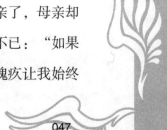

不能释怀。"

母亲过世后，松下幸之助唯一的依靠就是姐姐了。姐姐看着松下幸之助年龄一天天大了，开始操心弟弟的婚事。姐姐为松下幸之助找了一个叫井植梅之的姑娘。这位井植小姐是淡路地区人，高等小学读完之后进了一家裁缝学校，毕业后到大阪京町掘一户名门之家做见习佣人。双方约定到松岛的八千代剧院前面的宣传板下见面。

相亲总要有一件穿得出去的衣服，可是松下幸之助真的没有什么好衣服。他花了5日元买了一块料子，请寄宿的阿姨给自己做了一件外衣。

相亲那天，7点多，松下幸之助在姐姐和姐夫的陪伴下，如约地来到了热闹的八千代剧院。松下幸之助在宣传板下东张西望，也许是太紧张了，他觉得周围的人都在看自己，脸不知不觉地红了，低下头不敢再看别人一眼。当井植小姐走到他面前时，他连头也不敢抬。姐夫在一旁着急地说："松下幸之助，快看看啊！快抬起头看看啊！"可是，松下幸之助还是不敢抬头。直到对方离开了，他连人家长相都没看到。姐夫回去和松下幸之助说："我觉得这姑娘可以，长得还不错。我看就定下来吧。"至于井植小姐，当时有很多人上门提亲，但她就是喜欢上了这个条件最差、什么都没有的松下幸之助。

既然定了婚事，就要准备结婚典礼了。松下幸之助算了一下，至少也要六七十日元的费用，才能勉强举行一个稍微像

创意无限的松下电器

和创造世界名牌的人

一起放飞梦想

Let the dream fly

样点的婚礼。可是，自己哪有这么多钱呢？松下幸之助每个月的收入只有20日元，自己不吃不喝，也得3个月才能攒够这些钱。为了和井植梅之结婚，松下幸之助节衣缩食，到了9月底，终于攒够了30日元。他又向别人借了30日元。1915年9月4日，松下幸之助和井植梅之如约地走进了结婚殿堂。

松下幸之助顺利地举行了结婚典礼，成家后的松下幸之助感到肩上的责任日益沉重，创业的梦想开始在这个年轻人的心中燃烧。

第四节　我的插座为什么不行

> 一个立志做大事的人，最基本的心理准备，就是随时抱定必死的决心。能以生命做赌注，才有勇气去应付一切困难的形势。
>
> ——松下幸之助

22岁那年的春天，松下幸之助再一次被破格提升了，升级做了检查员。这在同龄人中是很少见的。检查员是所有工程人员出人头地的目标，是一般工人梦寐以求的职位。松下幸之助确实得意了一段时间，但很快他就厌倦了自己的工作。

其实，检查员的工作非常轻松，每天到工地上转一圈，检查工程负责人前一天的工作，如果不合格的话，就让他返工。

虽然每天要跑十五户到二十户，但这对松下幸之助来讲，实在是太轻松了。松下幸之助是从技工开始做起的，对工作非常熟悉。他管辖的工人都是曾经的老同事和老部下，松下幸之助非常了解他们每个人的工作习惯。只要看一下，就知道工程质量如何。因此，检查员的责任虽重，但对松下幸之助来说工作起来还是很轻松的。

松下幸之助短短几年的时间，就从一个新人提升到检查员，这让很多人都羡慕不已。作为检查员到下面去检查时，都会受到礼遇，这让松下幸之助的自尊心得到了极大的满足。

然而，没有人想到，这个非常轻松的工作，竟成为松下幸之助离职的一个原因。我们要从他当检查员前的一件事说起。

松下幸之助从不是一个满足于只完成自己本职工作的人。在做检查员之前，松下幸之助就已经开始研究改良电灯插座。花了很多心血，终于完成一个试验品，松下幸之助兴冲冲地把自己的成果拿给主任看，他心里想着：如果自己的成果获得主任的认可，就可以请公司使用这种新式的插座。

一天，松下幸之助满怀信心地对主任说："我做成功了一样新东西，觉得非常好。请您看一下。""好极了，我见识见识你到底鼓捣出了什么新玩意儿。"

松下幸之助如数家珍地介绍自己的东西多么好，可主任把插座拿在手里，看了一会儿后，告诉满怀期望的松下幸之助："松下君，这东西不行，根本就不成型。你做的这件东西，如果我把它拿到课长面前去说，他会笑掉大牙的。"

听到这些话的松下幸之助顿时呆若木鸡，犹如三九天被人从头泼了一瓢冰水。他怎么也想不到，自己引以为傲的东西，竟然被主任如此直接地否定了。松下幸之助一时不知道自己该说点什么，过了一会儿才战战兢兢地问："不行吗？"

"真的不行。你还是再多下下功夫吧。"松下幸之助无法抑制自己的失望和伤心。主任一离开，他的眼泪就唰唰地流了下来。松下幸之助还真是个爱哭的人，这么点小事就让这个大小伙子哭了起来。

但是，主任毫不留情的批评并没有让松下幸之助放弃自己的产品。他暗下决定，无论如何都要把这个插座弄出个样来。他又进行了改良，但还是没有被认可。这时松下幸之助刚结婚，又被提升为检查员，于是他把这件事暂时放在了一边。

井植梅之是个贤惠的女人，结婚后，松下幸之助得到了井植梅之的悉心照顾。

升职后，松下幸之助的时间也充足了，于是他骨子里不安分的想法又冒了出来，他还要改良插座。也许，松下幸之助没有把改良插座这件事当成自己的一个简单的设计，而是看成了自己创业的契机，才会如此执着地做这件事。他始终也没有忘记父亲当年的期望："你一定要出人头地啊！"

另一方面，也许是检查员的工作太轻松了，松下幸之助的生活没有了奋斗和挑战，这让他感觉到空虚。两个月后，暂时的虚荣得到满足后，松下幸之助很快就丧失了对工作的热情。他要么提早回到公司聊天，要么就到处去闲逛。经过7年的努力，自己已经成为令人羡慕的年轻的检查员。可是，目标一旦达成，松下幸之助马上就会寻找新的追求，而不是躺在自己的荣誉簿上睡觉。

普通人的努力，可能是为了换取更轻松的工作和良好的生活条件。然而，很多成功者往往是要通过工作，为自己找到进一步提升的机会和更好的发展平台。马斯洛的需要层次理论学说曾提到过，很多成功人士之所以与普通人不同，是因为他们的生活中有自我满足的需要。

松下幸之助再一次把自己改良的插座交给公司看，可结果仍旧是"设计不予采纳"。直到自己创业后，松下幸之助才真正明白主任告诉他的"再多下下功夫"那句话是对的，但在当时他却认为主任没有眼光。在日后松下幸之助看着堆积如山的插座卖不出去的时候才明白，那个插座是完全失败的作品。

和很多年轻人一样，年轻气盛的松下幸之助并不认为自己的设计是有问题的。他觉得公司不愿意用自己的设计，是因为自己人微言轻。他武断地认为，公司不会考虑自己这样的年轻人的意见。"既然如此，那我就干脆自己去卖吧。"松下幸之助萌生了辞职的念头。

　　就在松下幸之助谋算着要辞职时，另一件事加速了他辞职的脚步。松下家是肺病遗传家族，他的7个兄弟姐妹中有5个不到25岁就去世了。二姐阿岩是姐弟中相对长寿的，也只活到了47岁。松下幸之助天生体质就比较孱弱，经常感冒，结婚之后病痛不断。结婚不久，一向身体不好的松下幸之助出现了出虚汗、发低烧的症状，身体一天比一天瘦。去看医生，医生说："是肺尖炎，要静养。把握时间！"

　　听医生这么一说，松下幸之助想起公司检查员里头，有一个肺不好的人，每天上班时松下幸之助就坐在他身边，常跟他聊天。松下幸之助想："这下可糟糕了，自己一定被他传染上了。"虽然医生要求他静养，但自己根本不可能请假一个月休息。辞职也许是最好的选择，或许，这正好给了松下幸之助辞职的借口。

　　后来，很多人都说松下幸之助是因为害怕传染上肺病而辞职的。事实上，这件事只是一个由头而已。如果是这样，松下幸之助根本不应该离开公司，因为每天只有两三个小时的工作时间，完全可以好好休养。再者，松下幸之助如果是因此离职，那么离职后应该是好好休息。可是，松下幸之助离职后选择的是生产插座自己卖，这比在公司工作要辛苦得多了。站在人生的十字路口前所做出的决断，往往是很多原因纠结在一起的。外人也许无法明白真实的原因，但我想松下幸之助辞职的真正理由，应该是他希望从事一项自己能够创业的工作。无论是在五代自行车店当学徒，还是后来到电气公司工作，都是为了自己将来投身商海做准备。

松下幸之助决定：辞掉工作，自己制造插座来卖。他计划着，如果插座卖得好，自己还可以开发和经营更多的电器用品。万一失败，再回到电灯公司，做一个终身忠实的从业员。1917年6月15日，松下幸之助正式递交了辞职书，毅然离开了他工作了7年的公司。

对于松下幸之助的离去，主任觉得很遗憾。他既不希望失去一位好员工，也担心这个年轻人的一时冲动会毁了他的前途。主任苦口婆心地劝他："松下君，我并不想勉强留住你。你在公司奋斗了7年，刚刚升级做了检查员，就这样离开了，你不觉得可惜吗？我真的很喜欢你，所以才劝你要认真想清楚。如果你要制造插座，我觉得你还是应该留在公司。你的这个东西一定卖不出去。再好好考虑考虑吧！"主任的关爱让松下幸之助很感动，但他离去的决心也无法动摇："谢谢您的关心，但我已经决定了，请您让我离开吧。"

从16岁开始做内线组见习生，到22岁提升为最年轻的检查员，松下幸之助能够放弃人人艳羡的职位和工作，在外人看来是不可思议的。但松下幸之助没有满足于自己小小的成就，没有继续享受小职员的安逸生活，而是选择了积极进取。也正因如此，才造就了松下幸之助的事业，有了现在的松下电器。

第五节　卖不出去的插座

> 理想与实际常有一段距离，有时心中明白应该如何，但执行上常常会发生许多困难，因为执行时往往受到各种条件的限制，以致窒碍难行，要是欠缺"舍命以赴"的工作精神，遇到困难时常会想"何必呢？吃力不讨好，太烦了，算了吧"，因而气馁。
>
> ——松下幸之助

1917年6月，松下离开了工作7年的电灯公司，开始了艰难的创业之路。松下辞职的时候并没有多少积蓄。大阪电灯的退职金是40天的薪水，合计只有33日元20分，还有42日元的公积金，总计是75日元20分。而松下夫妇的储蓄只有20日元。这些钱全加起来还不到100日元。后来，松下又从一个朋友那里借了100日元。这是全部的资金投入，到10月中旬，当产品制造出来时，松下幸之助已经没有一分钱了。

为了省钱，松下幸之助和妻子在大阪东成郡猪饲野一带租下了一间平房充当生产车间。实际上，这是一个最简单的手工作坊。租来的房子只有两个房间，一个房间有两铺席大，另一间只有四块半席大。小房间作为松下夫妇的卧室，大房间作为工厂。舍不得请人做拆除工作，松下夫妇就自己动手干。从厂房的装修到产品的生产，都得由自己亲自来干。

雇不起人怎么办？松下幸之助说服了妻子的弟弟来和自己一起创业。这时的井植岁男刚从乡下的高等小学毕业，正对未来的生活充满了憧憬，他相信姐夫能够带领自己开创出新的事业。井植岁男后来和松下幸之助并肩战斗，创造了神话般的松下电器。第二次世界大战后，井植岁男离开了松下电器，开创了三洋电机公司。

加入到创业队伍的还有松下幸之助在大阪电灯公司的两个同事。一个是林伊三郎，松下幸之助把自己的计划告诉了他，他很痛快就答应辞职来和松下一起创业。还有一个是森田延次郎，他听到了消息后找到松下："我也想做些事，你愿意让我参加吗？"松下幸之助求之不得，当然欢迎了。这下，这个"工厂"就有5个人了。

今天的人们谈起松下，没有人能够想象创业之初是怎样的艰苦。一天，妻子井植梅之的祖父新皐文吉到大阪办事。他已经很久没有见到自己的孙女了，这次正好顺道来看看。祖父伤心地看到，正在干活的孙女被熏得像个黑人一样，合服的裙摆被卷了起来，系在了腰上，祖父难过极了。看到松下夫妇生活成这个样子，不禁担心他们以后的生活怎么过下去。然而，这些年轻人丝毫不觉得艰苦，因为成功的信念一直支撑着他们。

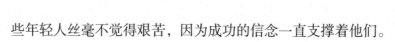

我们再来说说松下要生产的产品。早在辞职半年前，松下幸之助就已经向农商务省特许局提交了专利申请。1918年1月24日，正式以"松下式插座"的名称备了案。松下幸之助觉得，能在自己的发明上刻上自己的名字，是一件备感自豪的事。尽管后来证明这是一个失败的产品，但在创业初，松下幸之助对自己的产品充满了自信。

可是，真正到了制作阶段，松下幸之助发现，很多事情都远远没有当初想象的那么简单。松下幸之助做的一直是修理和装配方面的工作，对最关键的插头的生产方法根本一无所知。凭借着创业热情可以克服钱的问题、场地的问题，但技术问题是这些门外汉没有办法解决的，他们只能摸索着来试验。

至于插座外壳的材料，松下幸之助等人都知道那是一种由沥青、石棉、滑石粉构成的合成材料，但这些东西究竟是何比例、究竟是怎样合成的，他们根本就一窍不通。在当时，合成材料的制作算得上是新兴行业，技术上是绝对机密的，因此，松下幸之助无法获得相关的技术资料。

自己如何能够制造这样的合成材料呢？只有不断地去试验。他们想到了找回一些生产此产品厂家的材料加以分析，再反复试验。可是，经过了无数次试验，还是不能合成。这下他们可真的不知该如何是好了。

这时，松下幸之助仅有的一点积蓄也已经花光了，他必须

要注入新的资金。可是，连个像样的产品都拿不出来，怎么和人借钱啊。幸运的是，林君有个朋友叫S君，在一家防水布工厂做学徒。S君很勤俭，有将近200日元的储蓄。林君带着松下幸之助去央求这位S君，希望借100日元周转。虽然不知道他们的事业何时才能成功，但S君还是被林君和松下的执着感动了。于是，S君爽快地答应借钱给他们。

这可真是天无绝人之路啊。解决了资金的问题，接下来还要实验合成材料。正当松下幸之助他们为此忧心忡忡的时候，意外地得知以前电灯公司的T君也正在研究这个问题。松下幸之助和林君赶紧跑去请教，T君说，他辞去公司的工作后，也在研究电料制造的事，虽然事业进行得不顺利，已经歇业了，但他愿意把自己的方法告诉松下幸之助。当T君讲解完合成方法后，松下幸之助惊奇地发现，自己的方法和正确的工艺相当接近，只差一点诀窍而已。制造插座外壳的合成品让松下幸之助意识到外行不一定就不能成功。这种信念支持着松下幸之助完成了在此后的松下电器公司的很多技术和产品开发。

1917年10月中旬，经过4个月的努力，松下幸之助终于生产出了第一批电灯插座。这时真的是山穷水尽了，资金已经见底了。"终于做出来了，快去卖吧！"他们兴奋地拿上产品跑到大阪街道上，一家一家地推销他们的新产品。他们并不知道，真正的噩梦才刚刚开始。

松下幸之助当时并没有最基本的商业知识，根本不知道如何计算成本和利润，也无法准确地给自己的新产品定价。他虽然做过自行车商会的学徒，也自己卖过自行车，可那都是按生产商定好的价格进行销售的，根本没有给商品定价的经验。怎么办？他们只能向最开始遇到的客户请教定价的方法。

松下幸之助曾经有过这样一段回忆："当时我们根本不知道该卖多少钱，也不知道该从里面抽取多少利润。但是不拿出去销售又不行，只能全部跟客户去请教了。我们到电器店，不是跟人家说'我们生产出了这样的东西，我想多少钱卖给你'，而是说'这个卖多少钱合适呢'，就这样，每遇到批发商的老板、领班，我们都不断向别人请教。"

在销售的过程中，松下幸之助和伙伴们受尽了白眼。有一家电器行让森田延次郎在外面等了好久后，却叫他下次再来。对于拿过来的样本，他们连看都没有看一眼。另外一家，把样品拿在手里看了又看，却闭口不谈要买他们的产品，而是接二连三地问了一些意料之外的问题："你们是什么时候开始做电器行的？除了插座以外，有没有别的东西要卖？"有一个好心的店员告诉松下幸之助："你们还是新开的店吧？我实话实说，你们的插座根本就没有办法使用，肯定是卖不出去的。不过，如果你们以后生产出别的电器用具的话，我可以建议老板向你们订购一些。"

一连十几天，松下幸之助和自己的伙伴们几乎跑遍了大阪市的大街小巷，才卖掉了一百多个，销售额只有十几日元。这么点收入，别说向合伙人支付报酬了，连借下的外债都没有办法偿还。

松下幸之助投身插座生产的时候，是日本电器在普通家庭中迅速普及的年代。与电器相关的插座、转接头和灯头的需求正处于供不应求的状态。在这种状态下，松下幸之助的产品却没人愿意要，看着店里堆积如山的插座，松下幸之助明白，自己的产品彻底失败了。望着这些卖不出去的插座，松下幸之助甚至想过要去一趟自己曾经工作过的大阪电灯公司，看看能不能求他们使用自己的产品。可是这实在是太伤自尊心了，松下幸之助无法容忍自己做出这样没出息的事。

要想继续维持下去，就必须要研发新的产品。但这时的松下幸之助和伙伴们，已经拿不出一分钱了。不要说新产品的研发资金，现在连吃饭都成了问题。森田延次郎和林伊三郎都坚持不下去了，他们选择了离开。松下幸之助没有责怪他们，因为他们要养活一家老小，自己没钱无所谓，但总不能让人家喝西北风吧。更重要的是，他们对松下幸之助的插座失去了信心。努力4个月生产出来的东西一点市场也没有，谁知道接下来的研发需要多长时间，又到底能否成功呢？

森田延次郎和林伊三郎离开了。林伊三郎回到了以前的商会继续上班，森田找了一份新的工作。这样，只剩下了松下夫妇和井植岁男。三人商量后最终选择了坚持，既然插座不行，那就咬紧牙关重头开始。在深陷的谷底不只要看到黑黑的峭壁，更要看到峭壁上面的坦途，这种精神也正是松下此次、也是之后无数次闯过难关的支柱和动力所在，正是依靠这种信念，松下幸之助在山穷水尽、连饭都吃不上的时候，也没有放弃过。

为了生存，松下幸之助只能把自己和妻子的衣饰一件件送进当铺。55年后的一天，已经功成名就的松下幸之助偶然从住宅的仓库里保存的一包旧文书中，发现了一本账本，上面记载着他年轻时典当衣物的次数和金额。从1917年4月13日到1918年8月，松下幸之助十几次将他和夫人的衣服、首饰等物送进当铺。可想而知，松下当时生活困窘到了什么程度。

松下幸之助相信，在艰难困苦的时候，精神的力量是重要的，能否踏过坎坷迈向光明，往往就在一念之间。在谈论这类问题时，他曾经这样鼓励年轻人："面对挫折，不要失望，要拿出勇气来！扎扎实实地坚持向既定的目标前进，自然会有办法实现的。一个人如果能够心无旁骛、专心致志，此时此地，即可聆听到福音自九天而降。我劝大家保持精神的沉静和坚定，不可因一时的小挫折而丧失斗志。如此，世间再没有什么事情是办不成的。"

回忆起这段经历，松下幸之助从未觉得自己的生活有多么悲哀。更多的时候，松下幸之助坚信，这是自己最后成功的必经之路。他甚至认为，这样的经历，是一个人能否有所成就、有多大成就的试金石。

我们纵观历史上的伟人和众多的成功人士，他们中的很多人都是历尽苦难才有所成就的。

第六节　风扇底盘带来的生机

> 不论遭逢何种困难，都要如俗语所说："忍耐吧！忍耐吧！"如果一个人能忍耐到底，即使你的计划不能成功，但随着周围情势的转变，也许会有新的出路展现；或者别人看到坚韧不拔的精神，使他们内心感动，从而向你伸出援助之手。
>
> ——松下幸之助

幸运从天而降，就在松下幸之助不得不靠典当衣服和首饰生存的时候，他们突然接到了生产电风扇配件底盘的订单。这下算是把他们从困顿中暂时解救了出来。这种底盘是安装电风扇开关的绝缘体，用在电风扇底座上。这项产品的材料，正是松下幸之助试验了很长时间的合成材料。

这个订单的得来应该感谢卖出的100多个插座。产品虽然不怎么样，但松下的工作热情却给人留下了深刻的印象。因

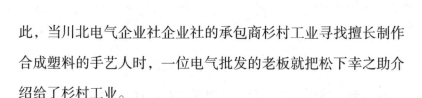

此，当川北电气企业社企业社的承包商杉村工业寻找擅长制作合成塑料的手艺人时，一位电气批发的老板就把松下幸之助介绍给了杉村工业。

我们来说说这个救星川北电气企业社吧。川北电气企业社成立于1909年，创始人川北容夫原来是德国电机厂商西门子大阪分公司的一名技术工程师。当时的川北电气企业社发展劲头迅猛，业务范围很广，既能生产大型电机，也可以生产小型电机，而且有自己的通信部门。小型电机部门的主力产品就是电风扇，这种电风扇在世界都有很高的知名度，出口到130多个国家。这时有一个问题，就是公司生产的电风扇底盘最初是陶瓷的，非常容易损坏。因此，公司决定改用耐冲击性较强的合成塑料。他们把这项业务交给了承包商杉村工业，杉村工业又找到了松下。

最初的订单是1000只底盘。交货期非常紧张，只有一个月的时间。但是承包商对松下幸之助说："时间很紧，希望你能够按时交货。如果底盘使用效果好，我们每年至少可以给你两三万个底盘的订单。"

这张订单，对松下幸之助来说，简直是命运的恩赐。他赶紧把插座的试制放到了一边，专心完成这份新产品。

电风扇底盘所用的合成材料，不需要太多的成本投入。这多少让松下幸之助松了一口气，但必须要先解决模具问题。为了如期交货，一连7天，松下幸之助一直都在模具工厂催赶制

作。模型做好了，也顺利地通过了试压的检验。松下幸之助把做好的五六个样品拿给川北电气企业社的负责人看，他们说："没问题，请立刻开始做。如果做得好，这批货完成后，我们再订四五千个。"

此时，离新年的到来只有不到一个月的时间了，如果想在年底把这1000件订货生产出来，那么每天要做100个左右才行。松下幸之助的作坊只有两样简单的设备——模压成型机和加热原料用的锅，而且只能依靠3个人来完成。于是，松下夫妇和井植岁男开始拼命赶制。松下幸之助负责压型，井植岁男负责磨光，妻子梅之负责打下手。

到了年底，1000件电风扇底盘如期交货。新年到来之前，松下幸之助收到160日元货款。扣除成本，这份订单挣了将近80日元。这无异于雪中送炭啊。看着辞职后拿到的第一笔收入，松下幸之助兴奋极了。

新年带来了新的希望。川北电气企业社经过试用，认为合成材料的底盘可以在电风扇产品上大规模的使用。他们决定继续在松下幸之助这里定做底盘。次年年初，松下幸之助收到了2000只底盘的订单，他终于可以把当铺里的衣服和首饰赎回来了。

"三十年河东，三十年河西"，川北电气企业社拯救了创业初期陷入困顿的松下；30年后，是松下拯救了濒临破产的川北电气企业社。当然，这是后话了。

Panasonic

第三章　使人们的生活变得
更加丰富多彩

Panasonic

第一节　小插座带来的大事业

> 连寻常小事都办不好的人，偶尔完成一
> 件大事，绝对不可因此骄傲。因为平凡的事
> 比困难的事重要。公司的成长，往往是在一
> 连串平凡的琐事中积累起来的。根据我多年
> 来的经验，也只有在处理例行的业务时，智
> 慧才能充分活用，并且没有风险。
>
> ——松下幸之助

　　1918年，历时四载的第一次世界大战终于结束了。战后
日本迎来了新的经济繁荣期。日本工业生产每年连续保持30%
的高速度增长，电动机取代了蒸气机，工厂动力电气化已达
60%。日本迅速迈进了经济强国的行列。电灯普及率大大提
高，近半数家庭已经能够使用电灯、电扇、电熨斗等家电产
品，小型的家用电器已经进入人们的生活，日本已进入了电气
化时代。

　　有了川北电气企业社源源不断的订单，松下幸之助的事
业发展就有了稳定的资金来源。为了保证按时完成大批量的订

货，就必须扩大规模。同时松下幸之助觉得自己不能一直只为别人生产配件，还要生产自己的东西，但以现在的设备是不够的，所以他认为必须把工厂搬到一个更适当的地方。这时候，他听说在大开町一带有个租金还算合理的房子。这是一座二层的小楼，楼上住人，楼下可以被改成工厂。新房子比以前的好多了，它建在马路旁，既可以作为工厂，也可以暂时充作门市。虽然价钱不是很便宜，但权衡之下，松下幸之助还是决心要搬到那边去。

1918年3月7日，在松下电器的历史上，是一个值得纪念的日子。松下幸之助把工厂从猪饲野搬到了大开町。也是在这一天，松下幸之助挂出了"松下电气器具制作所"的牌子，并雇用了5名工人。虽然小了一点，但总算有了工厂的样子，松下幸之助成了一名真正的老板。1932年，松下幸之助把这一天确定为松下创办事业及松下电器创立的纪念日，这一天被永远地记载到了松下公司的成长史中。直到今天，这一天仍然是松下电器股份有限公司的成立纪念日。

在松下幸之助后来的回忆录中曾谈到把这一天作为创业纪念日的原因。松下幸之助说："作为一个企业家来说，创业不到一年即能有此成就，正式挂出自己的招牌，是令人高兴的一件事。松下电器制作所挂牌，成为进一步发展的起点。近一年千辛万苦的努力，到那一天已初具规模，实在值得纪念。"

松下幸之助将自己的工厂命名为松下电器制作所，是有着深远意义的。他没有满足于仅仅为川北电气企业社生产底盘，而是有着自己长远的打算。松下幸之助意识到，自己的厂子如果只为川北电器生产底盘，一旦对方转产或者有了更好的合作伙伴，工厂将再次陷入困境。松下幸之助的这一想法非常有远见。如果松下幸之助只着眼于为川北电气企业社生产配件，那么他将很快再次陷入危机之中。川北电气企业社在当时盛极一时，看上去似乎可以永远繁荣。但1920年，"一战"后的不景气影响了川北电气企业社的经营，业务量减少了一半。十年后的1930年，川北电气企业社更是陷入了危机之中，不得不重新进行改组。

松下幸之助认为，为了能够获得长远的发展，工厂必须生产自己产品。因此，尽管为川北电气企业社生产底盘的工作十分繁忙，只要一有时间，松下幸之助就会把那个卖不出去的试验品插座拿出来研究，他想在插座上寻找进一步的改进。

松下幸之助开始琢磨自己第一次制造的产品失败的原因。今天的商业界人士都知道，一项新产品的开发，必须要做市场调查，了解客户的需求，才有可能成功，但没有做过产品开发的松下幸之助并没有想到这一点。主任之所以提出反对意见，是因为他有着丰富的产品经验，但松下幸之助只把他的建议看成了对年轻人的不信任，这才遭遇了事业上的滑铁卢。在改进插座时，松下幸之助终于明白要制造市场需要的产品，于是他跑到市场上去看销量好的插座是什么样的。经过市场调

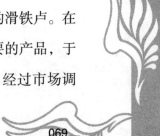

查，松下幸之助真正明白了自己失败的根源。因为他自身是电工出身，所以他制造的插座只能减少电工的劳动强度和时间，却没有给用户带来方便。大家自然不可能放弃原本已经使用得十分习惯的插座。

经历这次失败，松下幸之助真正理解了产品制造的关键。一项产品的生产，要真正关注顾客的需求，以顾客的需求为导向才能获得成功。想明白了这个道理，松下幸之助笼罩在心头的阴霾裂开了一道缝隙，心里一下子敞亮了许多。松下幸之助后来设计的产品，都充分考虑了用户的需求，所以在市场广受欢迎。

1918年，松下幸之助生产了两款新的插座——灯头插座和双灯头插座。松下电器制作所成立后生产的第一个新产品就是灯头插座。这种插座虽然是最新型的，但原料是旧电灯泡的金属灯头，因此价格非常便宜。价钱比市价便宜了整整三成。这种插座一问世就受到了好评，几乎供不应求。松下电器一下子名声大振。自从开始制作灯头插座后，松下幸之助就带着妻子、内弟井植岁男和工人们每天工作到半夜12点。松下幸之助压底盘，井植岁男造原料，别的职工压附属插头，女工做组合，妻子井植梅之负责包装。东西实在是太畅销了，即使他们这样拼命地工作，仍然无法满足客户的要求。有时由于送货太慢，客人等不及了，竟会自己跑来拿。

受到灯头插座成功的刺激和鼓励，松下幸之助开始研制新的产品。不久，他就生产出了"双灯头插座"。当时的日本，电气的使用与现在不同。大多数普通家庭都是和电力公司签订定额费用合同的，一户只有一个电源，所以一般人家都会把电灯安在天井上。因为没有像今天这样在房间内布置的插座，如果想使用电熨斗或电热器的话，就必须从吊在天井上的电灯插座上先把灯泡拧下来，再拧上灯头插座。这样很不方便。松下幸之助改进的双灯头插座，是把它和灯头插座组合起来使用，这样就不用每次用电时都把灯泡拧下来了，这实在是太方便了。这项产品受到了广大用户的欢迎，它和胶底鞋、棕毛刷成了大正时期的三大热门商品。

事实上，双灯头插座并不是松下幸之助发明的。在美国等国家早已经有了这种产品，而日本从20世纪初就已经有人在生产仿制品。虽然有人已经走在了自己前面，但松下幸之助认为国内生产的产品品质不好。经过松下的改进，这项产品变得实用、便宜，成为大多数普通人能够使用的东西。这种双灯头插座实在是太实用、太受欢迎了，以致于很多人误以为这是松下的发明。

要把自己的产品打入市场，除了品质，还必须要降低成本，这样才能做到物美价廉。松下电器生产的双灯头插座比同类产品的价格低了三到五成。松下幸之助是如何把价格控制得这么低的呢？

首先，减少材料成本。金属部分，松下幸之助没有完全用新

的，而是回收利用了旧灯泡的灯头，这样成本就大幅降低了。

其次，提高生产效率。单位时间内生产的产品数量多，才能有更大的利润空间，所以松下幸之助想尽办法提高生产效率。这时的松下幸之助已经没有能力再去购买厂房，于是，他想尽办法将租来的这个楼用来扩大生产面积。为了提高工作效率，松下幸之助做了各种设计。他把一层搭上棚架，这样棚上棚下都变成了工作间。看到他的新式设计，连到访的顾客都忍不住发出了赞叹："你们太了不起了！把这简直变成船舱了，上下都可以做工。这么节省，难怪你们做的东西可以卖得比别人便宜。"这种生产方式，大大提高了生产效率，从每个月生产2000个插座增加到了5000个。

第二节 我一定能卖出去

> 经营的第一理想应该是贡献社会。以社会大众为考虑的前提，才是最基本的经营秘诀。
>
> ——松下幸之助

生产效率提高了，接下来就是销售的问题。松下幸之助本来没有关注销售问题，因为销售是由大阪的批发商阪田商店来负责的。双灯头插座上市没多久，大阪的一家叫吉田商店的批发商就主动找到了松下幸之助，希望负责这种产品的总经销："松下君，我觉得你的双灯头插座一定会畅销的。我想做这种产品的总经销，你觉得怎么样？"吉田表示，自己可以负责大阪地区的销售工作，东京地区的销售则由自己的关系商店——川甚太郎商店来做。松下幸之助同意了，双方很快签订了合同。

松下幸之助在经商上的一个高明之处，就是他的每一步都不会只看到眼前的利益，而是有更长远的打算。松下幸之助知道，要想保证销量，只有扩大生产规模，添置新的生产设备，工厂的生产能力才能提高。自己的简易工厂已经无法满足需求了，可松下幸之助自己的资金有限，于是他要求吉田预付保证金。

松下幸之助在产品还未出货前，就拿到了吉田的保证金。利用这笔资金，松下幸之助马上更新了设备，他信心实足地等待着产品销往日本各地。现在松下幸之助不用再担心生产不出那么多产品了，他知道，自己现在的生产能力，怎么卖都不会卖断货的。

双灯头插座果然销量很好，不仅在大阪地区受到欢迎，也风靡了东京。在短短时期内，销量由1000增至3000，由3000增至5000，形势一片大好。

松下幸之助的产品严重冲击了东京的双灯头插座制造

商。为了抵制松下电器制造社，东京的厂商突然宣布降价销售。即使不挣钱，也不能让松下电器再卖下去了。大阪和东京的批发商对对方的价格战明显准备不足，他们不知道该如何应对，于是，吉田干脆不由分说地通知松下幸之助，自己要单方面解除代理合同，并要求松下幸之助立即归还自己的保证金。

吉田的保证金已经用在了扩充设备上，哪里有钱还给他。松下幸之助只得无奈地接受了吉田单方面毁约的要求。唯一的条件是自己将分月偿还之前收到的代理商合同保证金。

松下幸之助第一次见识了代理商的反复无常。他意识到，要想不被他们所左右，自己必须建立销售网络。没有时间去担忧，他从解除合同那天起，就马上开始拜访大阪市内的几十家商店进行协商。

松下幸之助下定决心要自己来销售："没关系，没有代理商，我自己也一定能销得出去。我的产品质优价廉，货源又充足，大家没有理由不接受。"这一次，虽然有麻烦，但松下幸之助没有太多的担忧，他相信自己能很快扭转局面。

因为没有了批发商，减少了中间环节，所以利润空间也变大了。经销店直接从生产者手中批发产品，这可比从批发商手中进货挣得多，很多商店都同意从松下幸之助那里直接进货。

大阪的销路打开以后，松下幸之助马不停蹄地奔向东京。雄心勃勃的松下幸之助紧接着打开了东京的销路。吉田解约，就如当年插座卖不出去一样，对松下幸之助是个冲击。不过，这一次的局面马上就扭转了过来。

从这件事中，松下幸之助深刻地意识到，一个企业的成功，要有好的产品，还要有能够大量生产的能力，更要有好的销售。企业必须有自己稳定的销售机制和强有力的销售队伍。这一想法影响了松下幸之助的决定，他后来能够建立起遍布全国的销售网络，和他之前对企业的反思有着密切关系。

第三节　玻璃式经营法

在公司只雇用七八位职员的时候，每个月我都与公司会计作公开的结算，并将结算的结果向社员公开发表。这就是所谓"玻璃式"的经营法。公司的员工都十分喜欢这种做法，而且很兴奋地认为，下个月非加倍努力工作不可。由于这种热烈的气氛推动，公司业绩自然越做越好。

——松下幸之助

当初松下幸之助试验合成材料时，都是自己一点点摸索的。最后，能够试验成功，得益于一位昔日同事的帮助。事实

上，当时各个工厂只要有了新工艺或新产品，都是秘而不宣的。即使在工厂里，承担核心工作的人也大多是工厂主人的兄弟或近亲，而负责现场的也多半是工厂主人自己。

合成材料技术被当时的很多电气生产商当作了高级技术保密。而松下幸之助却没有这样做，当他自己招收员工时，把这种在别家公司视同"最高机密"的配方、技术等，都告诉给了工人。一位同业的朋友好心地提醒松下幸之助说："松下君，你怎么能够把这样机密的事情教给才进来一天的人呢？要知道，你这是自己给自己培养竞争对手。你的工厂能够发展得这么快，就是因为你的技术领先于别人。如果把秘密公开了，别人掌握了你的技术，你的生产将来一定会受到影响的。千万不能这么做！"松下幸之助并不这么认为："我认为不必那样担心。我觉得，只要告诉他们，这是商业机密，一定不能向外泄露，他们就会明白了。我相信我的员工，他们不会做这种背信弃义的事。"

也许有人会觉得松下幸之助太傻了，怎么能这么无条件地相信别人呢？我们看到，和松下电器合作过的很多企业，在当时也许技术超过了松下电器，有的企业甚至将松下电器逼入了绝境。可是，真正生存和发展起来的，不是那些拥有保密技术的企业，也不是那些过度追求利润的人，恰恰是在别人看来有点"傻"的松下幸之助。因为，他从来没有把小的利益看得太重，而是始终把目光放在更长远的地方。我们可以试想一下，如果松下幸之助自己把持着合成材料或双灯头插座的制作工艺，那么自己或者井植岁男就必须看着工人完成工作以防止技术外泄。这样的话，他们就必须把每天的时间都花在生产产品上，哪还有时间研发新产品呢？更不要谈扩大经营了。如果把这些技术都讲给每一个工人，就不需要自己每天去监工了。工人们知道如何去做，那么工作效率也可以大大提高，这样就可以更经济、更灵活、更有效地使用人力。人的目光有多远，事业才能有多大。松下幸之助在后来的经营中，也始终坚持这样的原则，他将很多先进的技术与同业者共享。因此，松下电器公司的发展速度远远超过了同行。

松下幸之助不向员工保守秘密，是他一贯的用人原则。他认为："员工之间彼此信赖，是至关重要的，不应该有什么秘密而言。如果小心谨慎地保守着秘密，心事重重地经营，实在费力，也难有好的成效，对培养人才也不利。如果我认为这个人可以信赖，就算他今天才来，我也会让他知道这些秘密。"在松下幸之助看来，要相信员工的忠诚，应该将技术向所有员工开放，彼此信任比什么都重要。事实上，我们也看到，松下幸之助充分地信任员工，依赖员工，员工们不仅没有泄漏机密，反而更积极地工作。

在松下幸之助早期的管理中，这种管理理念还只是体现在用人制度方面。他的做法赢得了员工的信任，也让员工更加关心公司的发展。随着公司经营规模的扩大，松下幸之助的公开

性方针不仅局限在用人上，公司经营的各个方面也都体现了：财务公开、经营方针公开、经营状况公开。他让全体员工了解公司的一切，也希望他们能够共同担当。松下幸之助会如实地向每位员工公开公司的经营实况，本着既报喜也报忧的原则，让员工充分了解到公司取得的成就和面临的问题。好的时候，大家共同分享成功的欢乐；出现困难的时候，也会把问题摆在桌面上，依靠大家的力量共度难关。

除了公开公司的经营实况，松下幸之助还会把经营目标向员工公开。员工不仅能够了解到每年每月公司发展的目标，也能明确公司未来发展的远景规划。对于"玻璃式"经营法则的意义和作用，松下幸之助曾经写到："为了使员工能抱着开朗的心情和喜悦的工作态度，我认为采取开放式的经营确实比较理想。开放的内容不只是财务，甚至技术、管理、经营方针和经营实况，都尽量让公司内的员工了解。企业的经营者应该采取民主作风，不应该让部下存有依赖上司的心理和盲目服从的行为。每个人都应该以自主的精神，在负责任的前提下独立工作。所以，企业家更有义务让公司职员了解经营方面的所有实况。总之，我相信一个现代的经营者必须做到'宁可让每个人都知道，不可让任何人心存依赖'。只有这样，才能在同仁之间激起一股蓬勃的朝气，推动整个业务的发展。"

松下电器制作所的规模日益扩大，1918年年底雇用了近20人，到1919年已达到了27人。松下幸之助开始认真地考虑劳工问题，自己的工厂还将扩大，以后工人的数量可能会越来越多。他觉得，如果想保持稳定的工人队伍，必须形成长期稳定的制度。基于这种考虑，松下幸之助建立了内部劳工组织——步一会。这个名字的意思是"一步一步脚踏实地向前走"。松下幸之助在谈到为什么成立步一会时，是这样描述的："大家有缘到松下电器来工作，我希望每个员工都能提高生活水平，过上幸福美满的生活，这是我作为企业经营者的责任。至于处理各项事务和具体业务，最要紧的则是大家同心同德，亲密无间，互相帮助，彼此合作。从这样的认识出发，松下电器为了区别于劳工运动组织，为这个组织取了一个独特的名称。"通过步一会，松下电器使所有员工团结一致，亲爱友好，共同推进工厂生产和销售的繁荣。这个组织虽然近似于工会，却不是一个激进组织，而是一个充满和善、亲睦的集体。

松下幸之助后来将这命名为"玻璃式经营法"。这与水坝式和适应性经营法则一起被视为松下电器公司的三大主要经营法则。松下电器公司成为股份公司以后，更是将公司的各个方面全方位地向社会大众公开。

什么是松下幸之助的玻璃经营法呢？所谓玻璃式经营，是指经营活动公开、透明，对每一位员工充分开放，并欢迎员工参与经营。玻璃式经营是松下幸之助经营法中相当重要的一项，是具有深刻含义和系统的实践方法。

就其意义而言，首先，实行玻璃式经营，可以使经营现状

如同玻璃般透明、清晰，经营者与员工都很容易透视其中的优劣情势，及时纠正错误，发扬优异之处。其次，在身处透明的工作系统中，每位员工的行为都"暴露"在众目睽睽下，这样自然形成一种公众监督的机制，不仅可以有效地约束和规范个人行为，而且还可以凸显榜样的力量，促进良性竞争，推动员工成长，提高工作效率。再次，玻璃式经营便于领导者查看公司全景，有效管控人与事，清除管理"死角"。

第四节　最大方的"小气鬼"

> 经营事业，一方面要气宇宏大，另一方面则要神经质，也就是"胆大心细"。非如此，不足以发展。
>
> ——松下幸之助

1920年，松下电器已经初具规模，在大阪市场上有了自己的一席之地。这时，松下幸之助开始筹划着如何加强东京市场。产品能不能打进东京，决定着自己的产品是否能够在全国销售。每月跑一次东京不行，必须要有人驻扎在东京，全面负责东京地区的销售。井植岁男一直是松下幸之助的助手，可他毕竟只有17岁，大家都在担心他太年轻了，无法胜任驻在员的工作，但松下幸之助却非常相信这个从创业初就和自己一起打拼的小伙子。说是驻在员，其实连个办公的地方都没有，只能寄宿在早稻田大学附近的学生宿舍里。井植岁男每天都要早起到东京的各个商店巡察，有人订购就立刻向大阪报告，再由大阪将货物直接送达经销商。井植这个小驻在员的作用真不小，东京方面的销售量明显增加了。

一天，井植岁男在一封写给松下幸之助的信中告诉他，由于天气愈来愈热，蚊子多，自己买了个3日元的麻纱蚊帐。价钱虽然比一般的棉纱蚊帐贵，但是打了折，绝对物超所值。井植岁男没想到，松下幸之助在回信中严厉地训斥了他："以你今天的身份，不管理由多充足，花3日元去买麻纱蚊帐，是不应该的。现在的松下电器必须节约。一件1日元左右的棉织品就很够用了。"连3日元的蚊帐也要写信训斥，松下幸之助的节俭可见一斑。

松下幸之助在个人生活上虽然非常节俭，但只要是和生产、事业有关的事情，他都是大方的。只要是公司经营所需，他从不计较费用的多少。安装电话，就是一例。

在当今社会，安装电话是一件非常普遍的事，几乎家家都有能力安装。可在当时，安装电话是相当了不起的事情。当时，日本的电话普及率是5％～6％，只有少数家庭才有能力安装电话。即使在企业里，安装电话也是要被列入企业发展规

划的重要内容的。

如果哪一家企业能够安得起电话，就能马上增加企业的信用，因为这标志着企业有雄厚的经济实力。大家都知道有电话后消息会变得灵通，联络业务也会变得方便，这样会带来直接的经济效益。可安装一部电话需要1000日元以上，这可是一笔相当大的开销，一般的小企业主根本不敢问津。

松下幸之助舍不得花3日元买蚊帐，却决定安装电话。他很早就申请了"9年分期付款电话"，一拿到名额，他马上就着手安上了新电话。电话装好之后，松下幸之助立刻寄发广告明信片告知各经销商。

在那个听到电话声音都觉得幸福的年代，电话带给松下幸之助的绝不仅仅是方便，更多的是商机。在这一点上，松下幸之助有着长远的战略眼光。正巧这时，隔壁房子空了，松下幸之助赶紧把它租了下来并改造成工厂。这个小小的工厂总算是有模有样了。经济大萧条中的松下电器，反而迎来了新的发展。

第五节　分期付款新建工厂

> 领导者不可拘泥于眼前的枝节小事，而必须从大局着眼，从大局来判断，这是非常重要的。在许多不同的情况和顾虑下，分得出什么才是最严重的，或必须最优先解决的，不断地探究和追求，为了大局的圆满，放弃个人的意见或利益，这才是领导者的远见与应有的心理准备。
>
> ——松下幸之助

随着企业的不断发展、经营规模的日益扩大，松下电器制作所的名气越来越大。双灯头插座的成功让大量的订单像雪片一样飞来。小小的工厂已经无法满足生产的需求了，松下幸之助把扩建工厂的事情提到了日程上来。要么再租一幢房子，要么找一块空地盖新工厂。松下幸之助看中了大开路的一块空地，这块地属于大阪市，可以租用于建厂。几经考量，松下幸之助租下了这块地，决定盖一座正规的工厂。

松下幸之助找来了建筑商，工厂的设计蓝图很快就交到

了他手中。松下幸之助看着图纸，想象着新的厂房，心中的喜悦无法言表，他当即决定要盖属于自己的工厂。可是，当看到预算单上7000日元的费用，松下幸之助踌躇了。建厂的费用再加上添置设备的费用，至少要1.2万日元。松下幸之助手里只有4500日元，现在又是经济紧缩时期，银行根本不可能提供贷款，自己哪来建厂房的钱呢？如果把钱都花在了厂房上，自己下一步的事业又如何展开呢？不能眼看着自己梦寐以求的厂房建不起来，松下幸之助觉得，自己一定要找到办法。

松下幸之助算计着，如果只盖厂房的话，只需要3500日元左右，还可以留下1000日元作为周转资金。这样，厂房的建设需要6个月的时间，这期间自己可以再补上去一些。于是他告诉建筑老板："老实说，我没有足够的钱盖房子。因此，请你先盖工厂，以后有钱了，我再考虑盖事务所和住宅吧。"建筑老板否定了松下的想法："我还是建议你两个一起盖，这样比较合算。如果你真的决定光盖工厂，那我就必须要重新估价。我仔细核算过，如果你先盖工厂，后盖事务所和住宅，成本会增加不少。"

松下幸之助明白老板的话是对的。可是，怎么能既不借外债，又不损害建筑商的利益呢？都说鱼与熊掌不可兼得，该如何让两者兼得呢？在仔细考虑后，松下幸之助提出建议：按照建筑商设计好的方案，工厂、办公楼、住宅一起建设，预付建筑费4500日元，其余的采取分期付款的方式，用新建的工厂作为担保。

松下幸之助过去的信誉之上，建筑商很信任他，答应了他的条件。松下幸之助感激建筑商对自己无条件的信任，同时感到责任重大，自己必须信守承诺，付款的日期到了，一定不能说"请延期"的话。

工程开始是在3月，松下幸之助与建筑商商定在7月底以前完工，他对新工厂充满期待，一有空，他就跑到离家只有1公里的建筑工地去看看。松下幸之助对建筑工程并不陌生，也擅长与建筑工人们沟通。他会随时把自己的想法与他们交流，催促他们赶快顺利完工。是啊，就要有属于自己的工厂了，怎么能不高兴呢？有了这个工厂，自己的事业就可以做得更好，父亲当年对自己的期待很快就会变成现实。

新工厂如期在当年的7月完工，松下幸之助迫不及待地搬了进去。新工厂比旧工厂大4倍，使用效率也比旧工厂提高了5到6倍。松下幸之助购买了先进的设备，又雇佣了30多名员工，剩下要做的就是继续改进技术、增加新的产品了。松下幸之助几乎每个月都增加一两种新产品，销售商们天天等待松下幸之助给他们带来新的惊喜。

有了新工厂，生产能力提高了，松下幸之助也开始扩大经销店的数量并着手建立代理店，发展自己的销售渠道。后来松下公司在名古屋的代理店冈田、流边、富永等都是在那段时期建立起来的，例如九州的平冈商店，最初是专门经销玻璃的。

平冈看中了电器行业未来的发展前景，主动找到松下幸之助谈代理店的问题。松下幸之助把九州的开发交给了平冈，平冈不负重望，从当时一个月只有100日元到200日元的交易额，发展到15年后每个月的交易额达到10万日元。平冈店的销售额是九州全部销售额的三分之一。到了年底，松下工厂的员工已经增加到了50人，月产额达到了1.5万日元。

早在建工厂前，松下幸之助就想过向配线器具方面拓展。他想了很久，一位松下电器的经销商也劝过他："松下君，你为什么不能研制新的开关插座呢？我们希望能够卖你生产的开关插座！"

松下幸之助不是不想卖，但当时他有自己的想法。一方面，当时开关插座已经研究到极致，做不出革命性的改良品，松下幸之助又不想卖和别人一样的产品；另一方面，盖工厂和生产开关插座，松下幸之助当时的能力无法同时完成两个项目，他在必须选择一项去做的情况下选择了盖工厂。毕竟，这是公司发展中最重要的一步，应该率先去完成。松下幸之助将开关插座的制造推迟到了1929年。松下电器生产的开关一经面世，就受到了大家的一致好评，成为松下的另一件主流产品。

松下幸之助认为，发展事业不勉强，是他能够超越同业和前辈的原因。在每次面临选择的时候，松下幸之助都能够理智地分析，不冲动、不盲目，这让他的事业获得了长足的发展。

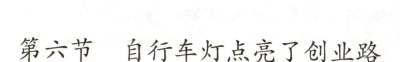

第六节　自行车灯点亮了创业路

> 没有产品的质量，再热忱也卖不出去，
> 信念必须以值得信赖的产品为基础。
>
> ——松下幸之助

松下电器在短短20年的时间里，从一个仅有两个房间的出租屋，发展成为拥有14家工厂、19个销售处和3545名员工的企业。可以说，松下幸之助创造了神话般的成功传奇。

松下电器发展得如此快，其根源在于松下电器对大众需求无止境地发掘和满足。人们有时会渴望某些东西，但自己可能没有意识到那具体是什么。松下电器能够获得长足的发展，就在于它一直不停地挖掘客户潜在的需求，提供他们所需要的产品。无论是双灯头插座，还是新的自行车灯，松下电器都是秉承着这一思想研发的。

松下电器进军的每个领域，都不是最早的，但它的产品往往都能够后来居上，超越自己的前辈。双灯头插座、自行车灯，还有后来的收音机都是如此。在那时候，很多前辈厂家都不关注产品性能，明明是故障很多的产品，也把它们拿到市场上去销售。经营者只考虑挣钱，根本不考虑顾客的需求。顾客找不到满意的产品，不得不买那些容易买到的东西。松下幸之助则不同，他始终关注的是顾客那些未被满足的需求。

我们来说说对松下电器发展影响很大的自行车灯吧。

松下幸之助离开自行车店，是因为看到电器在日本的普及。作为年轻人，他单纯地认为，电车的普及将导致自行车的消失，因此选择了新兴的电器行业作为自己发展的方向。这个想法虽然幼稚，但选择新兴行业谋求发展的思路却是正确的。自行车的数量没有像松下幸之助想的那样减少，而是逐渐普及起来。只不过，这种产品从当初高级的奢侈品逐渐变成了生活中不可或缺的必需品。仅1923年一年，日本自行车的使用量就大约280万辆，差不多每4个家庭就拥有1辆自行车。不仅如此，之后几年里，更是以每年50万的数量快速增加。

自行车的普及，也使得夜间行驶所需要的自行车灯成为一种必需品。各个厂家也都看到了潜在的市场，纷纷加入到自行车灯生产的行列中。松下电器进入这个领域时已经很晚了，它能够脱颖而出，完全是因为松下公司的产品品质是其他厂家不能比拟的。

松下幸之助有一辆自行车，每天骑自行车出去，天一黑就得点蜡烛灯。但蜡烛灯常常会被风吹熄。风大的时候，蜡烛灯就没有办法用了。点了又熄，跑一段又熄，熄了就得用火柴再点，实在麻烦得让人抓狂。

除了蜡烛灯，还有瓦斯灯。瓦斯灯比蜡烛灯好用，但价格太贵了。而且每次加气也是一件比较麻烦的事，一般人不会使用这么贵族化的东西。

第三种是电池灯，它没有瓦斯灯那么贵，又不像蜡烛灯那样遇到风就灭。相对而言，电池灯是比较实用的。可实际情况却不是这样，电池灯的点亮时间实在是太短了。两三个小时电就耗光了，作为实用品却派不上用场。

松下幸之助暗想，如果我能改进电池车灯，让它变得既防风亮灯时间又长，那么自己生产的自行车灯就一定能成为畅销商品。

松下幸之助研发新的电池车灯，一方面是看中了电池车灯的潜在市场，另一方面也是希望自己的电器事业能够与自行车行业保持一定联系。松下幸之助在自行车行工作了整整七年，他把对五代家的思念寄托在新产品的研发上。

说干就干，松下幸之助马上开始自己试作，他每天都工作到很晚。松下幸之助一旦下定决心做一件事，就会完全地投入进去。井植岁男曾经跟松下电器原副社长水野博之这样描述过松下幸之助的工作状态："姐夫不管吃饭还是睡觉，都在惦记着工作。早上吃饭的时候这样，晚上吃饭的时候还是这样，今天要这么做就好了，明天该怎么做好呢？全都在想着工作。每次看到他的样子，我都在心里暗想，这个人知道饭菜的滋味吗？"

松下幸之助的设想是，自己生产的自行车灯一定要构造简单、不出故障、质优价廉，最重要的是使用时间长，至少能使用10小时以上。这话说来简单，做起来相当困难。一天、两天、一个月、两个月、三个月过去了，在这期间，松下幸之助做过几十个甚至近百个试验品。经过6个月的工夫，才做成第一个炮弹型的电池灯。

要生产理想中的自行车灯，必须要有新的灯泡和电池。幸运的是松下幸之助在设计车灯的时候，刚好有人推出了用电较少的"豆灯泡"。这种新型灯消耗的电量只有旧灯泡的五分之一，并且能够维持亮度，大家都叫它"五倍灯"，它的亮度可以持续30到50个小时。

接下来就是电池了，耐用的电池是产品的心脏。当时市面上出售的电池，都是手电筒、探照灯使用的市场标准品，这种电池使用时间都比较短。既然灯泡可以点亮30多个小时，那些配套的电池也应该满足这一需要。最开始时，松下幸之助想配合市面上的电池进行设计，但没有适合的产品。过了三四个月，他改变了想法，决定以特殊的组合电池来做电源，于是设计出了改变原有构造的新品。

最后的外型，松下幸之助设计成略圆的圆锥型，像个炮弹一样。这种炮弹型自行车灯外形好看，构造简单，使用时间长，一组电池就可以用四五十个小时。价格又非常低廉，电池才三角多，蜡烛一小时点一支也要二分钱。

这种新型的自行车灯，一下子成为出色的实用品。炮弹型电池灯问世后，获得了意外的成功，是自行车灯界的改革。后来，这种灯被广泛推广，在乡下，没有一个地方不使用电池灯。这种电池灯不仅可以安在自行车上，还被人们当作手提灯。电池灯的出现，大大减少了因为点蜡烛造成的火灾，这是松下幸之助在制造时完全没有预想到的。这虽然是个简单的发明，算不上什么划时代的发明，但它普及性的意义却是深远的。

　　1923年3月，第一个样品制造出来了。和以前的产品不同，自行车车灯上的很多部件都是松下幸之助自己无法生产的，必须要找合作厂家来生产。

　　需要订购的第一个部件，就是车灯的木外壳。他先找到了木器行，但木器行没有现货，只能找制造木箱的来定做。到哪儿去找呢？完全不知道。松下幸之助四处去打听，也去翻了电话簿上的广告栏，终于找到了两三家。他立刻把做好的样品，拿出来给木器行的人看，开始谈定做事宜。木器行没做过这种东西，而且松下幸之助要做的数量不多，只有一两百个，所以这几家考虑再三，都不肯答应。松下幸之助一再地游说对方："我开始做的数量确实少了点，但我的产品将来一定可以大量销售。起初也许是新型，比较贵，您可能赚不到什么钱，但我可以保证，将来本钱一定可以补回来而有余……"最后终于有一家木器行同意了。可是对方要求松下幸之助提供确切的

第三章　使人们的生活变得更加丰富多彩

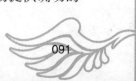

数目："你们一个月要定做多少个？请你告诉我确切的数目，我们才能提前准备材料。数量少的话，价格没有办法便宜。你必须保证每个月订购的数量，我们才可以为您生产。"这个要求不过分，但对松下幸之助来说，确实没办法估计出具体的数目。木器行是第一次和松下幸之助打交道，自然不知道他的信用，也没办法了解他的产品到底销量如何。想让他们便宜，就得在比较确实的条件之下定做才行。松下幸之助不知道自己的车灯到底每月能销售出多少，但他相信自己的产品一定会在市场上畅销的。尽管无法估计销量，他还是决定每月定做2000个。

接下来就是电池，这也是松下幸之助自己无法制造的，但电池是车灯最核心的部分之一。如果电池本身品质不好，那么整体产品的质量必定会受到影响。电池的好坏，直接决定这个灯的成败。当时在关西地方，一流的电池是朝日干电池，在东京是冈田干电池，其他还有四五家一流厂牌。这些大品牌对松下电器这样的小厂家是不屑一顾的，松下幸之助进一步去调查，才发现二三流的干电池工厂竟有50家之多。要从这些厂家中挑选质量最好的，可真不是一件容易的事。松下幸之助买来了十多个厂家的电池成品，耐心地加以比较研究，最后选择了小寺工厂。

外壳和电池都解决了，同年6月中旬，松下工厂开始制作新的炮弹型车灯。6月底，一切都准备就绪，开始销售。松下幸之助梦想着，只要这种车灯上市，销量一定会是爆发式的。然而，松下幸之助没有想到，因为以前的电池车灯质量太差了，不管怎么说明炮弹型自行车灯的优点，都没有商店愿意卖这种新产品。

第七节　免费寄售电池灯

> 生活在科学知识前进时代的我们，不要输给研究河豚安全吃法成功的古人。对所有的事情都不要怕困难，要积极去研究、去解决。
>
> ——松下幸之助

松下幸之助兴冲冲地亲自把货送到熟悉的商店去，向老板说明特点。出乎意料的是，老板根本就不想进这种新产品："听你的说明好像很不错，可是现在根本没有人愿意买电池车灯。电池车灯毛病很多，又点不了多长时间，恐怕不大好卖。你用的这种特殊电池，如果路上电池用光，附近又买不到，那怎么办呢？"

松下幸之助此时的心情，如同三九天被浇了一瓢冰水一样。他怎么也想不到，自己研究出来的车灯结实耐用，价钱又便宜，批发商为什么就不肯卖呢？他只好去求批发商："我放一些样品在这里，请您试着卖卖看吧。"

出师不利并没有让松下幸之助气馁，他继续在大阪各经销店推销。令他吃惊的是，每家的反应竟然都是一样的："因为使用特殊电池，所以买的人不方便。恐怕很难卖出去。"大阪看来是没有什么销路了，他决定转战到东京。到东京的各经销店去走一道，结果还是一样。大家都说这项产品没有什么市场，都没有人愿意订购。松下幸之助这才意识到问题的严重性。

他已经按每月生产2000个的标准向木器厂和电池生产厂家订了货。自己必须保证销量，否则到了第二个月，积压的库存就会达到4000个。时间一长，电池的品质会受到影响，那样的话就更卖不出去了。如果自行车灯的销路再打不开的话，自己也许就走到了破产的边缘。

电器商店看来是不愿意销售了，究竟到哪里去卖呢？松下幸之助想到了自行车店。电器批发商也许夸大了缺点，他们太看重标准型电池了。如果把自己的东西放到自行车店呢？他们是外行人，不会考虑电池的问题，如果自己能证明自己的车灯是好用的，那么也许这会是一个新的销售渠道，松下幸之助想到自行车店试一试。可他除了自己工作过的五代自行车店外，和别的店并不熟悉。没有信用作为保障，如何能让他们信任自

己的产品呢？松下幸之助暗下决心："我一定要让自行车店知道这种车灯的真正价值。一旦他们了解了产品，就会马上愿意销售这样的产品的。"

第三章　使人们的生活变得更加丰富多彩

自行车店没有松下产品的经销店，所以不大熟。他们不认识松下电器，如果说明不适当，恐怕比电器行更难交涉。这么一想，松下幸之助就更紧张了，他拿出了一种"非拼命不可"的架势，因为如果自行车店也卖不出去的话，一切都完了。

如何能让大家认识到这个产品的性能？松下幸之助想到了一个置之死地而后生的办法，他决定把自行车灯免费放到零售店去。这样做有一定的风险，如果别人还是不愿意卖的话，那么连成本都有可能收不回来。他知道，必须要让批发商看到产品的性能。松下幸之助对自己的产品充满信心，于是，他开始一家一家地寄存电池灯。他跑遍了大阪的零售店，每一家都免费寄放两三个电池灯，并且当场点亮电池灯。他一遍又一遍地告诉别人："我对自己的产品有信心，这个一定可以点30个小时以上。如果点的时间超过了30个小时，就请你把其余的卖出去。如果灯真的不行的话，您可以不付给我钱的。"

除了自己外，松下幸之助还找来了3个外务员，分区去进行免费寄售。3个人很愿意干这个工作，他们每天要拿出去的数量是七八十个，这个数量可不少。这样大量的寄售，也许一毛钱也收不回来。更何况，谁也不知道究竟要过多长时间才能有人愿意订购。松下幸之助唯一愿意相信的是："好东西必定

会畅销。"

当时他认为，如果能免费发出去一万个，市场一定会有反应的。当然，一万个的价钱是一万五六千日元，如果还没有人肯买的话，等待松下幸之助的就只有破产了。时间一天天过去，炮弹型电池灯的真正价值逐渐被认可，销售情况越来越好。

外务员每天都会向松下幸之助汇报销售情况："今天成功了。我到上次寄卖的零售店去，老板说真没有想到这种灯能点这么长时间，比说明书上所说的时间还耐久。这样的电池灯一定会很好卖的。您寄放的我们已经卖出去了，请再多送些货来吧，我们可以先给您订金。""试点电池灯的效果出人意料的好。结果都一样，今天好几家已经把钱交给我了。"像这样的报告越来越多了。一个月之内，松下幸之助寄卖的5000个电池灯都卖了出去。两三个月后，已经不需要外务员了，因为有的零售店等不到外务员去，就主动打电话或写明信片来订购了。

这些自行车零售店嫌打电话或写明信片给松下工厂太麻烦，转而向批发商订购。批发商们主动找到了松下幸之助，要求销售他的自行车灯。卖给批发商的价钱虽然比给零售店的便宜，但销售渠道也相应地拓宽了。在这一点上，松下幸之助没有拘泥于蝇头小利，他面向的是更大的市场。他马上趁着这个机会，与批发商们商量，再由他们负责经销的工作。正所谓成大事者必有大的胸怀。如果松下幸之助对当初批发商不肯卖车灯的事耿耿于怀，或者只愿意卖给零售店多赚取点利润，那么松下幸之助的产品再好，也不可能将松下电器发展得如此快。

大阪的销售蒸蒸日上，松下幸之助把目标瞄准了全国市场。东京和其他城市的市场该如何去开拓呢？由工厂来直销是下策，必须要有更好的方式。松下幸之助决定开拓各城市的代理店，由代理店去承担销售任务，于是他在报纸上刊登了诚招全国各地代理店的广告。很快，一个叫吉田幸太郎的代理商第一个找到了松下幸之助。听完松下幸之助在大阪的推销经过和成绩后，吉田幸太郎马上表示，自己愿意承担奈良和名古屋的销售，他甚至立刻交给了松下幸之助200日元的保证金。

吉田幸太郎是一个头脑灵活的人，他的保证金可不是白交的。他有自己独特的销售方式，在把样品拿回名古屋的当天，他就立刻把名古屋的代理店工作交给了认识的人，并向对方收取了数百日元的权利金。他敏捷的买卖手腕，把松下幸之助也吓了一跳，松下幸之助怎么也没想到，这样也可以赚钱。向吉田幸太郎买代理权的人，既不是电器行，也不是自行车行，可以说完全是外行人。但他非常擅长推销，所以他把在名古屋的推销工作做得很成功，自然赚得是钵满盆满。

随着产品销路越来越广，代理店也愈来愈多。为了减少销售事务的烦杂，松下幸之助开始减少批发商的数目。他很快与大阪的山本商店谈妥，把大阪府下的总经销工作全权交给了山本商店。

日本市场过去传统的产品销售流程是从制造商到代理商，从代理商到零售商，然后再到顾客，松下自行车灯却开创了一种新的销售模式。由于顾客的广泛需求，零售商反而向代理商寻求产品。这使得那些代理商抢着向松下电器申请代理权，新的营销模式就这样诞生了。

从这件事上，松下幸之助领悟到，一项商品要成功，除了商品质量要好外，也必须关注销售。事业成功的关键，在于制造和销售的配合，两者相辅相成。我们看到现实中有很多相当优良的产品，因为销售方法不得当而最终失败。

为什么会有这种现象？多半拥有优良制品的人，常常自负过高，觉得好东西一定会有人买。他们不愿意考虑当时的情况，也不去了解顾客的购买需求。他们抱着"皇帝的女儿不愁嫁"的想法来销售产品，最终的结果就只能是失败了。把优质品变成畅销品，并不是每个人都能够做到的。

第八节 恩师亦是敌人

> 大部分的人都认为，做生意只要薄利销售，安安稳稳地过日子，这就是人生。但是对于为什么只得到一点利益就满足，做生意到底具有什么使命等问题却不深加思考，只想过一天算一天。如果真是这样的话，那么人类空有五千年历史，还没有领悟到很明确的人生意义。
>
> ——松下幸之助

我们接下来谈一谈山本商店的老板——山本武信。

山本武信的工厂离松下幸之助的工厂很近，就在相邻的街道上，山本武信本来是以化妆品的批发兼出口为业。他在第一次看到自行车灯的时候就说这是个好东西，要求松下幸之助将大阪地区的销售权委托给自己，这让松下幸之助很是佩服。松下幸之助对山本武信的佩服不是因为他认同了自己，而是他眼光极其独到，能够敏捷地发现商机。

山本武信和松下幸之助一样，10岁就到大阪化妆品批发商

那里做学徒，他反应敏捷，有着极好的商业眼光。山本武信的生意不仅限于日本国内，还曾到南洋旅行七八次，去过中国，去过美国，甚至把日本的商品销到了海外。山本武信经常和松下幸之助讲起他的奋斗史，这比从小说里看到的更让松下幸之助激动。他向松下幸之助描述了一个从街道工厂的小老板向实业家迈进的蓝图。可以说，山本武信在最初是松下幸之助的偶像，松下幸之助未来的奋斗目标就是成为山本那样的商人。

山本武信给松下幸之助的最初印象是重情义、有责任感。山本武信离开原来的东家后，旧东家破落了，山本武信抚养了旧东家的独生子，并帮助他经营。这样的人一直是松下幸之助尊敬和喜爱的。

山本武信在欧战时期大量出口化妆品，赚了很多钱。战后出口停止，库存的东西卖不出去，山本武信陷入了经营困境。万般无奈之下，山本武信宣告破产。普通人在退票之后，总是在银行的一再要求下，才勉强拿出来一部分财产，甚至有人会想尽办法藏匿财产，以减少自己的损失。可山本武信没有这样做，在退票的前几天，他把所有的财产都交给银行处理，就连太太的戒指和自己的金链都交了出来。山本武信的做法让银行感动，银行主动给山本武信提供资金支持，帮助他度过了难关。

正因为如此，松下幸之助非常信任山本武信，并把炮弹型自行车灯在大阪的销售权委托给了山本武信。但是，没过多久，一件意想不到的事情发生了，松下幸之助自己辛苦构建起来的销售网，被山本武信撕开了一道裂痕。

原本松下幸之助与各个地方有实力的批发商分别签了代理商合同，希望建立起自己的销售网络。松下幸之助一直记得，当年在最开始销售灯头插座时，曾因为东京的竞争对手降价，委托代理的批发商就单方解除了合同，让他陷入了危机。从那时起，松下幸之助就下定决心要在全国建立起自己可以控制的销售网络。这一次借炮弹型自行车灯的销售之机，松下幸之助终于建立起了销售网络。

山本武信是大阪地区的代理商，按照代理合同，他可以向大阪的批发商和零售店销售炮弹型自行车灯，但不可以向其他地区销售，这是为了保护每个地区代理商的利益。然而，松下幸之助并不懂得商品流通的基本构成，他不知道，要保证每个地区代理商的利益，合同里除了写明不得向其他地区销售外，还要保证不能把电池灯批发给那些从大阪往地方上供货的批发商。

山本武信早就知道合同有漏洞，他常年与国外商家打交道，非常清楚合同遣词造句的严密性。但他早打好了算盘，要算计松下幸之助。随着电池的销量增加，山本武信把电池灯卖给批发商后，他们从大阪运到了其他地方销售。地方代理商开始不断地向松下幸之助抱怨，问题变得严重了。不仅仅是一个销售权利被侵害的问题，这样一来，松下幸之助苦心创建的销售网也完全被破坏了。

松下幸之助与山本武信交涉，希望他能遵守约定，但山本武信根本不理他，坚持自己没有直接销往其他地方。他才不管松下幸之助的销售网络如何呢，只要自己能赚钱就行，其他的和自己毫无关系。山本武信不肯停止与向地方销货的批发商的交易，而地方代理商们则不断地向松下幸之助发难。

1924年11月，松下幸之助召开了松下电器有史以来的第一次代理商会议，地点选在了大阪梅田的静观楼。松下幸之助希望通过当面协调的方式来解决山本商店和其他代理商之间的矛盾。但这次会议不仅没有达成协议，反而吵得更厉害了。地方代理店提出了抗议："大阪是集散都市，如果山本商店将电池灯直接发售给批发商，那我们的生意就没法做了。请立刻中止通过批发商销售方式直接批给零售店。如果你们执意不变的话，我们就集体辞去代理商，也将不再支付货款。"山本武信也一步不肯让："我们不可能中止批发销售。我没有违反合同，你们任何人没有权利要求我退让！"

双方的矛盾进一步加剧，最后，山本武信做出了想结束争吵的姿态："如果非要我放弃的话也可以，那就让松下电器支付给我2万日元的违约金吧。或者，把全国的销售权让给我，由我来负责所有地区的销售。"

松下幸之助愣了，他根本没想到，山本武信竟然提出了这样的要求。也许从一开始，山本武信就已经做好了这样的打算。以松下电器当时的财力，根本支付不起2万日元的违约金。可如果不答应，山本武信就不会停止侵害其他代理商利益的行为，自己辛苦构建的销售网也将荡然无存。山本武信知道，松下幸之助是一个重信义的人。这次的代理商中，有很多是曾经帮过他大忙的客户，对他有恩情。更何况，松下幸之助如果不接受山本武信的条件，那么问题就不再是山本商店的问题，而会变成因为松下幸之助不肯让出利益才让这些批发商承担了损失。山本武信成功地转嫁了矛盾，他等着松下幸之助做出选择，他知道，松下幸之助宁可自己利益受损，也不会伤害这些批发商的，松下幸之助一定会同意让他负责总批发的。

松下幸之助无法说服山本武信，也不愿意把全国的销售权给他。事情拖到了年底，地方批发商的抱怨越来越多，松下幸之助只能选择了退让，将全国的销售权让给了山本武信。

1925年5月，松下幸之助与山本武信签订了一份为期三年的合同。合同约定：电池灯的商标权、新案权，山本武信以3.2万日元的代价向松下幸之助买下来；电池灯的制造权由松下幸之助保有，负责制造与供应；松下电器每月制造1万个以上，山本武信要负责销售；对待地方代理店，原则上要沿袭松下幸之助的方针。

这个契约的第一项，以3.2万日元买下商标的意思是：如果山本武信销售成绩不好（也就是销售量减少），平均每一个商品的权利金就会提高；如果销售量增加的话，权利金就会降低。山本武信肯出这么大的价钱买商标权，可以看出他敏捷的

利益嗅觉。

这件事后，松下幸之助和山本武信暂时维持了合作关系。然而，两人的经营理念差距太大了。山本武信追求的是利润的最大化，在一定期间完成目标销售数量后，炮弹型自行车灯的寿命也就结束了。商品对山本武信来说只是自己赚钱的工具而已，自己随时可以抛弃它追求下一个消费趋势。松下幸之助不同，炮弹型自行车灯是自己心血的凝结，他认为自己生产的任何一个商品，都应该从长远的观点来看，要不断地改进它，让它在市场上长久地存在。松下幸之助把每一个产品都当作是发展自己永久事业的关键。

在合同问题解决后，松下幸之助提出了降价的方案。这时，炮弹型自行车灯的月销售量已经达到了6.75万个，月销售额达到了5万日元左右。松下幸之助一直希望自己生产的产品能够满足更多普通人的需要，并把这作为自己的商业使命。另一方面，松下幸之助当时读了亨利·福特的传记，给了他很大的影响。福特逐渐降低产品价格，在扩大了有能力购买产品的群体的同时，也深度挖掘了潜在客户。于是，他游说山本武信，要求降低价格。松下幸之助没想到，山本武信对他的提议嗤之以鼻。也许山本武信压根就没看得起松下幸之助。在山本武信眼里，松下幸之助根本没有向自己提建议的资格。他明确表示反对降价："我不否定福特，但你要知道，这得看你生产的是什么商品。自行车灯这种东西，不超过3年就得被淘汰，有什么降价的必要？"

松下幸之助明白，自己和山本武信的合作关系真的要走到尽头了。他曾把山本武信作为自己在商业界的老师看待，他不想伤害山本武信的情面。当时，松下幸之助正在开发新的方形灯，他向山本武信提出，现在签订的总代理商合同期满后，仍然会让山本武信负责向自行车行业的销售，但往电器行业的销售要由自己来做。

山本武信不肯放弃到嘴的肥肉，他像一个贪婪的狐狸一样叼住猎物不放，断然拒绝了松下幸之助的要求。他提出了更过分的要求：即使合同期满后，自己也坚决不允许松下幸之助自己销售自行车灯。

山本武信故技重施："你想要销售新产品可以，拿1万日元出来给我作为赔偿金。"当时1万日元，相当于现在的5亿日元。山本武信甚至嘲笑松下幸之助："这是什么玩意儿啊，你的方形灯一定卖不出去。"他算定松下幸之助不会为了销售一件前途未知的产品而赔上这么大一笔钱，可是这一次，山本武信错了。松下幸之助下了决心要和山本分道扬镳。虽然还有一年多的时间，但松下幸之助解除了和山本武信的总代理合同。

松下幸之助后来在回忆起这件事时说："在交易上，能够接触到山本武信这种人，在许多意义上很受教育。"

第九节　免费赠送一万个

> 成功的企业敢于坚持自己的做法，而不管这种做法在他人眼中有多么荒唐。
>
> ——松下幸之助

山本武信凭空赚了1万日元，于是请松下幸之助和另外两个人到高野山去吃饭。这个高野山有弘法大师从唐代中国带回来的"试运石"。走到那块石头前，山本武信告诉松下幸之助："这块石头是弘法大师从中国带回来的'试运石'。咱们看看谁能够把这块石头抬上架子，能抬上去的话就表示那个人的运势很强。"山本武信自己先试，却怎么也抬不起来。接着，另一位朋友也试了试，也没有抬起来。轮到松下幸之助了，说也奇怪，三个人当中最没有力气的松下幸之助，竟轻松地抬起石头来了。这给了松下幸之助很大的信心，自己是一个运势强的人，未来的新产品一定会成功的。

这种方形灯继承了炮弹型自行车灯的优点，在性能上又有了改进。首先是灯泡，里面的灯丝是特别制作的，比炮弹型自行车灯上的灯泡更亮、更耐用。新的方形灯增加了新的功能，可以从自行车上取下来，当作手电筒用。外观的设计也更漂亮。1927年4月推出后，最高月销售量达到了3万个，成为新的热门商品。

1927年，松下幸之助为自己的电器制作厂的产品注册了商标：National（国民的），方形车灯是该商标最早发售的产品。在National品牌成为日本家电的著名品牌后，松下幸之助曾回忆了这个品牌的命名过程。这个品牌是在方形灯的推出之前诞生的，到底给自己的产品取一个什么样的名字呢？松下幸之助想来想去，总想不出适当的名字。一天看报纸，松下幸之助突然发现了"International"这个单词。这时脑子里闪过了一个灵感，赶快去查字典才知道这个单词是"国际的"的意思，如果仅仅是"National"，则是"国民的，全国的"的意思。"national"这个词，松下幸之助并不陌生，自己在五代自行车店当学徒时，经常听过这个单词，只是不知道是什么意思。当时东京的一个批发商就曾推出过National牌自行车。松下幸之助决定用"National"为自己的品牌命名，也许在潜意识里，松下幸之助希望自己的产品能成为国民的必需品，才有了这样一个品牌的诞生。

松下幸之助终于开始销售"National"牌的方型灯了。原来的炮弹型自行车灯已经是市场上的畅销产品，如何让人们接受新产品呢？这让松下幸之助绞尽了脑汁。以前炮弹型自行车灯是寄卖在零售店，现在必须得想到新的点子才能吸引人们的注意力。最后，松下幸之助决定，要把1万个方形灯免费投放在市场上。

虽然灯是由松下电器制造的，但其实灯内的很多部件都是从别的厂家购买的。这种灯当时的单个售价是1.25日元，要把1万个免费投放到市场上，这可是需要相当大的魄力的。

要想散发1万个灯，就得附上电池。可是，松下幸之助拿不出那么多钱买电池。他想能不能让电池生产厂家免费给自己提供一定数量的干电池呢？松下车灯上的电池是由干电池制造的。这家工厂从松下电器制造炮弹型电池灯时就已经建立合作关系了。冈田是日本当时干电池制造行业中的领先者，也是比松下电器更大的工厂经营者。但是，对方会愿意将自己的东西免费提供给松下电器吗？自己又可以拿什么回报给人家呢？

松下幸之助立刻到东京去找冈田商量。一路上，他不停地思索着如何能说服冈田免费向自己提供干电池。松下幸之助一边把方型灯拿给冈田看，一边告诉他自己打算免费赠送1万个，希望冈田能够免费提供1万个电池。冈田沉默不语，他感到很不可思议："松下先生，能不能请你再说一遍？"

松下幸之助一字一句地说："我的新车灯要面市了，我打算把1万个新灯免费赠送，希望您能免费送给我1万个电池。"

"你不是开玩笑吧？免费赠送1万个？我觉得你太胆大了。不过我想知道，如果我真的送给你，我能有什么好处呢？"冈田反问。

"现在是4月，我承诺让您年底以前卖出20万个。可是现在，我要向您先要那免费的1万个。如果到时候我做不到，您就一个也不赠送。我保证把这1万个电池的钱付给您。"

冈田从来也没做过这样的生意，但他选择了相信松下幸之助。"好吧，今年之内销售20万个的话，就赠送1万个给你！"

松下幸之助开始了免费赠送活动。样品才送到了1000个左右，就已经有人来订购了，松下幸之助不得不先把样品当作商品卖给他们。方形灯一炮走红。到了年底，销售量不是最初估计的20万个，而是47万个。15年后，销售量增加到每月300万个。1927年开始，松下电器的电热部门又研发了新的电熨斗和电炉等有特色的制品，配线器具部也很顺利地增加生产，又在花区福岛设置了第三工厂。松下幸之助终于迈进了实业家的行列。

Panasonic

第四章　杀出重围

Panasonic

第一节　由我来打扫

> 身为经营者，不仅要灌输经营理念给员
> 工，还必须让员工有实际了解经营的机会。
> 换句话说，经营者必须以身作则，借日常作
> 业，逐渐启发员工对经营理念的认识。
>
> ——松下幸之助

炮弹型自行车灯的销售越来越顺利，东京方面的生意也跟着愈来愈好。为了扩展东京的业务，松下幸之助派了两个人驻在东京，开了一家小小的店铺。这时松下在东京市场，已经拥有了十五六家经销商了。就在一切欣欣向荣的时候，1923年9月1日，发生了东京大地震。

日本是地震频发的国家。地震发生的当天松下幸之助看着电灯在天花板下摇摆时，并没有想到事情会如此严重。3点多，松下幸之助拿到了当天的号外，在看到"东京大地震，灾情惨重，电信电话断绝"的标题时，才意识到了事情的严重性。这次地震的震中是东京、横滨整个关东地区，铁桥多处损坏，火车不通，人畜的死伤惨重。松下幸之助开始担心，两个

驻在员——井植岁男和前田怎么样了？自己的销售商会不会有危险呢？一份又一份号外，让人们意识到东京有大麻烦了。

电话不通、电信也不通，松下幸之助除了等待没有别的办法。第四天，他看到了井植岁男和前田毫发无伤地站在了自己的面前，这时他心里的石头终于落了地。

这次大地震，以东京为震中，灾情特别严重。东京在一天之内，烧掉了一大半。有一所制衣工厂，光是烧死的人就有3万人。到处都在传说，天皇将要迁都："东京危险，自古以来就是地震多发地带，再建为首都是值得考虑的。皇居应该迁到京都或奈良去才好。"一时间人心惶惶，直到天皇宣布，首都要在东京重建，大家才安定下来。

东京大地震也给松下幸之助带来了不小的损失，十五六家经销店，多半烧掉或受损。虽然灾后很多经销店恢复了营业，但货款却不可能全部收回了，已经辛苦建立起来的销售局面也被破坏了。但困难只是暂时的，地震后的两三年，因为重建的工作多，只要努力，可能有更好的机会。东京的联络处不得不暂时关闭了，而井植岁男也暂时离开了松下电器，入营去当兵了。

除夕悄悄地来了。按照惯例，为了迎接新年，大家会一大早就开始大扫除。11点多，松下幸之助去巡视工厂。他发现到处都扫得很干净，员工厕所却没有人打扫。为什么不打扫厕所呢？大家都看到松下幸之助发现问题了，却仍然没有人去。松下幸之助不知道，是没有人交代扫厕所，还是大家故意不想打扫厕所。两位主管好像有什么摩擦，谁也不肯理谁。松下幸之助不愿意斥责他们，可是厕所脏兮兮的，怎么能迎接新年呢？于是，他自己去拿扫把，用水桶提水，打开了两个厕所的门，用水冲踏板。这时有个工人过意不去了，主动帮松下幸之助提水。其他的工人都站在那儿发呆、互相观望，他们不知道究竟应该怎么办才好。

这样可不行，这不是谁打扫厕所的问题，作为老板，必须要教导员工。管70个员工的老板，亲自动手打扫员工厕所，员工却站在那发呆，连对企业基本的责任心都没有，如何能与企业荣辱与共呢？可是，光责备没有用，得想个更好的法子。打扫完了之后，松下幸之助找来了两个主管，说："没有人要打扫厕所，所以我去扫好了。希望你们能保持清洁，时常打扫。"

从扫厕所这件事，松下幸之助意识到，自己不再是管几个人的小作坊老板了，将来要管理更多的人，必须要把加强员工的教育工作提到日程上来。

1924年，松下电器用具制作所已经创建6年。虽然有些小插曲，但一切似乎都很顺利。松下幸之助下决心，新年里要有新的作为。

新年一过，松下幸之助就恢复了东京联络处，主任是宫本，宫本一直待在工厂，其实没有销售经验，但他吃苦耐劳。

松下幸之助明白，灾后的复兴工作，必须要一个踏实肯干的人才能承担得起来。宫本没有想到，松下幸之助会让自己承担这样的重任。他当即向松下幸之助表示："我虽然一直在工厂，可是我一定拼命努力，不辱使命。"

宫本抱着"事若不成誓不还"的决心，向东京出发了。到了东京后，看着满目疮痍，连一间像样的房子也找不出来，他以40日元的价格租下了一间违章建筑，便马上投入了工作中。

过了两个月，松下幸之助到东京联络处去。他怎么也没想到，40日元租到的房子竟然是这样简陋的屋子。办公空间还不到14平方米，起居室只有一间，小得像个火柴盒一样。松下问宫本："这么窄的地方，你们夫妇和见习店员三个人，在哪里睡呢？"宫本把凳子一排，架成了一个简易的床："我们晚上在这上面睡，早上收拾起来后再在这儿办公。"附近的邻居告诉松下："你的联络处，从早忙到晚，哪里来的那么多货物？里面的人，身体好像铁打的一般，怎么都不会累出毛病来呢？"

松下幸之助动容了，住在如此简陋的房间里，连个休息的地方都没有，这些人却一点怨言也没有，拼命地工作。有这样的员工，自己真的应该感到很幸运。在宫本的努力下，东京的销售局面打开了，业绩一天比一天好，尤其是电池灯发展得更是顺利。

由于松下电器的生意太好了，仅有的4米宽的店铺都堆满

了货物，店内没有工作的空间了，店员只好把一部分货物移到马路上，警察要求他们马上把货搬进去。"好的，好的，马上收进来。"可是刚刚说过，总部寄来的货物又到了。没有地方放，还是只能放在马路上。"你们怎么又妨碍交通了呢？赶快搬走，不然我们要罚款了。"工作人员也感到非常不好意思："刚才的货已经收好了。这是刚到的，我们立刻把它送进去。请原谅！"

松下电器在经营中一直坚持尊重员工利益的原则，这也是松下电器能够在危机中生存并持续发展的原因所在。松下幸之助管理虽严，但是从来都以身作则，他以严于律己的精神为员工做了最好的表率。松下幸之助对工作的热情和执着也感染了松下电器的每一个员工。

松下电器的店员，在松下幸之助的训导下，个个都有很好的敬业精神。松下幸之助后来谈到，要把店员训练成一个能够独挑大梁、有胆识、有魄力、能担当责任的人，有很多的方法。其中之一就是让他们面对困难，并让他们勇往直前地打破逆境，经历刻苦奋斗的体验，这便是最好的方法之一。

第二节　绝不让一个员工离开

以人性为出发点，因此而建立的经营理念及管理方法，必然正确且强而有力。

——松下幸之助

松下电器在1927年、1928年这两年发展得很快。1929年经济危机前，松下电器已经拥有三处工厂，店员97名，员工380名，每月生产额已经达到20万日元，并且还在继续增长。在专利技术方面，专利品已经达到140件，平均每年提出专利申请达到30件。这时松下幸之助决定建设一个营业所和一个大工厂，这是一个规模相当大的工程，光占地就有1650平方米，土地价格为5万日元，购买设备要花费5万日元，再加上9万日元的建筑费，也就是说松下幸之助大概需要20万日元才能完成这项工程，可他手里只有5万日元的盈余，剩下的要向银行贷款。

1928年10月，松下幸之助找到了住友银行西野田分行经理，把计划和贷款需要告诉了他。经理竹田说："松下先生，这几年您的事业发展得非常好，我们愿意给您这样的客户提供资金支持。您需要多少钱呢？"

　　松下幸之助回答说："土地收买费5.5万日元，建筑费9万日元，内部设备费5万日元，合计19.5万日元，大概需要20万日元。我们自己有5万日元，所以需要向银行贷款15万日元。盖工厂需要七八个月时间，我可以将这期间的利益作为周转金。"要知道，1927年日本银行业已经不景气，出现了资金周转困难的情况。企业很难从银行贷款，甚至连存款有时都难以取出。经济危机的前兆已经出现了，这时向银行贷款，银行会愿意贷给他吗？

　　松下幸之助一直有着良好的信用，也一直与银行保持着合作关系，他的信用成了最好的保证。尽管经济不景气，银行也同意了他的贷款申请。竹田甚至没有要求松下幸之助提供保证人，但需要时间向总行汇报，请他等两三天。

　　两三天后，竹田告诉松下幸之助："我们同意借15万日元给您。但这个金额大，如果一点都没有抵押，银行承担的风险太大了。15万日元的贷款，至少也要20万日元以上的抵押品。但我想你们可能没有适当的抵押品，能不能把这一次要买的土地和建筑物抵押给银行。事实上，我们根本不想要不动产，但您是松下先生，我们愿意相信您。不过，我们没有办法给您提供长期贷款，最迟在两年以内，必须还清。您有没有把握呢？"

　　事实上，松下幸之助真正抵押给银行的，只是自己刚刚

用5万日元买进来的土地。建筑先借钱，等盖好了以后才能抵押，等于是暂时没有任何抵押。银行给了他最大的方便，按理自己不应该再提条件了。可是，松下幸之助不想拿不动产做抵押向银行贷款。不是担心无法还款，而是如果自己用不动产做抵押，就必须在银行登记。这样一来，别人就知道松下有负债了，这会影响工厂的信用。松下幸之助只好和银行再商量："你刚才所说的，几乎等于是信用贷款，按理我应该同意。但拿不动产去登记，就会让人对松下电器的经营状况产生怀疑，这样会影响公司的信誉。实在不好意思，能不能考虑无条件贷款的方式呢？我可以把土地的所有权书和将来盖好之后的建筑物所有权书，都放在银行保管，但不希望拿不动产去登记。请相信我的信用。"

　　松下幸之助凭借着自己的信用，真的贷到了所需要的资金。没有长期的良好信用，谁敢将这么大一笔钱不用任何抵押就贷出去呢？1929年2月，新的工厂动工了。在1927年后银行业如此不景气的时候，不用抵押也能贷款，不得不让人佩服，大家更相信松下电器的实力了。

　　1929年，第一次资本主义经济危机全面爆发，全世界都笼罩在了经济危机的阴云下。危机迅速蔓延到了包括日本在内的所有资本主义国家。报纸上企业和工厂倒闭的消息比比皆是，各大企业纷纷裁员、降薪。日本政府的财政紧缩政策没有解决问题，反而让本来已经处在艰难中的日本雪上加霜。物价虽然持续下跌，人们的购买能力却急剧下降，大量产品出现了积压。经济不景气也导致了社会动荡，劳资纠纷不断。

随着经济的进一步恶化，松下电器也受到了影响。1930年底，松下电器也出现了销售锐减的情况，仓库里堆满了滞销品。新工厂刚刚完工不久，资金短缺，销售额又减少了一半，必须要采取措施了，裁员势在必行。就在这个关键的时刻，松下幸之助病倒了，医生要求他到西宫去修养。留守在公司的高层团队决定生产减半，将员工裁掉一半。当井植岁男和武久将这一方案交给松下幸之助做决定时，松下幸之助断然否决了这个方案。他不是不了解目前的困境，但他也知道，一旦裁员，那些员工的生活将马上陷入困顿之中，他不愿意看到这些曾经与公司共同发展的员工流离失所，自己有责任与他们共度难关。松下幸之助当即指示："生产额立即减半，但员工一个也不许解雇。工厂勤务时间减为半天，但员工的薪资全额给付，不减薪。不过，员工们要帮助公司全力销售库存品。"

松下幸之助的提议得到了公司高层的支持，他们相信松下幸之助，也愿意同员工们共度难关。井植岁男马上将全体员工召集起来，宣布松下幸之助的决定。员工们已经做好了公司裁员的准备，但没想到，公司会如此照顾大家。不裁员，工资也不减少，公司肯定会面临巨大的压力，员工们决定一定要为公司分忧。大家热情高涨，上午的工作结束后，下午全部出去销售产品。奇迹发生了，不仅是原本滞销的库存品被销售一空，竟然出现了生产量不够销售的情况，创下公司历年来最大的销售额。在大家的共同努力下，松下公司安然度过了危机。

经过危机的考验，员工们把公司当成了自己真正的家，愿意与公司同呼吸、共命运。松下电器从上到下形成了"任何事情，只要坚持到底，最后一定会成功"的信念。

为了度过危机，日本政府实行了紧缩政策，劝导大家节约。政府各机关也将汽车停用，以身作则，为民表率。而松下幸之助的想法恰恰相反，他觉得正是因为经济危机，大家才更要消费，从而刺激经济的复苏。本来走路的地方，要改骑脚踏车；本来骑脚踏车的地方，要改开汽车，借此提高活动效率。东西用得愈多愈好，这样才能促进新旧产品的更新循环，工业技术才会更加提升，才能消除经济不景气。

一天，一位汽车推销员在劝松下幸之助买汽车时告诉他："现在经济一点也不景气，说实话，我们的汽车根本卖不出去。政府机关原本有三辆汽车的，现在都改为两辆了。我们本来是推销新车的，现在却变成收购政府的旧车了。松下先生，请你帮帮忙，救救我们，就买一辆吧。"本来，松下电器并没有自用汽车，自己也不过是个小企业家，买汽车这样的事不是自己实力范围内的事情。但松下幸之助还是决定买一辆车，他认为，经济要想复苏，有能力的人必须多多买东西。

松下幸之助告诉推销员："我同意买一辆车，但我确实没有那么强的经济实力。请你便宜一点卖给我。"对方很高兴，同意打对折卖给他。可这还是太贵了，最后，松下幸之助以5800日元的价格买下了这辆车。

第三节　最实用的收音机

> 企业家要具备凭现状以判断未来趋势的能力，现在是零，将来可能就是无限的。
>
> ——松下幸之助

第一次世界大战以后，出现了一种新兴的娱乐，这就是无线电广播。无线电广播形成的契机源于一场大家熟悉的海难事故——"泰坦尼克号"的沉没。

1912年4月14日，深夜11点40分，当时号称世界上最大的豪华游轮——"泰坦尼克号"，在距离美国本土大约2600公里的大西洋上，撞上了冰山。这号称永不沉没的轮船，却没有完成自己的第一次航行就沉没了。"泰坦尼克号"在撞上冰山后，马上发出了海难求救信号，无线电信号传到了曼哈顿的一台无线电接收器上。

这台接收器就安在了百老汇八号街沃纳梅克百货大楼的屋顶上。那天晚上，一个叫大卫·沙诺夫的年轻人正在值班。其

实，当时的无线电通信还是个稀罕物，百货商店屋顶的这个通信站，只不过是吸引顾客的广告塔而已。但在"泰坦尼克号"沉没的那天，就是这台无线电台接收了从1400英里外的一艘名为"奥林匹克号"上发来的第一条消息，说"泰坦尼克号"沉没了。沙诺夫接到消息后，第一时间把消息传给了通讯社和报社。这个不起眼的通讯站成了人们了解沉船求助情况的唯一渠道。为了保证新闻接收，当时的美国总统塔夫脱甚至下令关闭了附近所有的无线电台。

"泰坦尼克号"事件后，人们意识到了无线电的重要性。如果当时在更多的船舶上配备了无线电通讯装置的话，可能就会有更多的人得救了。事故发生后，美国政府制定了《无线电法》，明确规定50人以上的船舶必须配备无线电通信装置。两年后，第一次世界大战爆发了。为了强化海上通信，世界各国海军都把无线电技术视为救命稻草，无线电网络得到了进一步的完善和发展。

沙诺夫，在当时不过是个小小的无线电操作员。然而，正是从"泰坦尼克号"事件后，他意识到了无线电网络的价值。在军方将无线电技术应用于军事上时，沙诺夫则发现了新的商机，那就是将无线电网络应用在普通家庭中。他想到，如果把无线电技术面向普通大众的话，就可以把原本必须亲临音乐现场才能听到的音乐传到各个家庭里——这就是他的"无线电乐盒构想"。沙诺夫凭借着他的无线电利用方法名垂青史。

1919年，在"泰坦尼克号"事件发生7年后，美国无线电公司（RCA）成立。沙诺夫的"无线电乐盒构想"成为现实。沙诺夫后来成为RCA的销售部长，他当时是这样预计无线普及带来的巨大利润的："光是美利坚合众国就有1500万户家庭，其中只要有100万户家庭，也就是家庭总数的7%赞成这个计划的话，销售额就可以达到7500万美元，利润相当可观。"沙诺夫的估计保守了，仅仅3年的时间，实际的销售额就达到了8350万美元。

沙诺夫后来成立了全美第一个广播网——国家广播公司（NBC），他在普及无线电和电视方面做出了巨大的贡献，被称为"美国电视之父"。

1925年，东京开始有了无线电广播，比美国、欧洲各国整整晚了6年。5年后，松下电器进入了无线电领域。

1929年到1930年，由于滨口内阁的紧缩政策，日本的经济愈来愈不景气。但在这个经济大萧条的年代，却有一样东西一直卖得不错，那就是收音机。收音机在日本的家庭普及率很低，只有5.4%，未来却有着很好的发展前景。这时的松下电器已经有了一定的实力，产品质量好、信誉好，很多代理商相信并依赖它，很多代理店都劝松下幸之助制造收音机。

说实话，松下电器之前虽然也生产电器商品，但那都是像自行车车灯这样相对简单的电器产品。制造收音机这样的产品，需要有专业的电气理论，不是松下幸之助这种门外汉通过

自己琢磨就能够实现的。对于生产这种新产品，松下幸之助一直持谨慎的态度。

松下幸之助自己也有一台收音机，这台收音机常常发生故障，经常在广播节目播到正关键的时候，就不能正常工作了。收音机时常发生故障，在当时竟然被认为是理所当然的。这不是几台收音机的问题，而是很多收音机的毛病。这样常常出毛病的机器，真让人生气。

松下幸之助决定生产收音机，一方面是满足代理商的要求，一方面也是希望能够制造出质量好的产品，满足客户的需求。对松下幸之助来说，他虽然有雄心壮志，但这不是件容易的事，他自己没有一点制造收音机方面的常识，员工中也没有一位是这方面专门的技术人才，如何能生产出收音机来？松下幸之助决定向前辈厂家请求技术支援，他选择了二叶商会电机工作所作为合作伙伴，这家公司在技术上是一流的，经营者北尾鹿治是关西地区无线电行业的权威，非常擅长自己亲手调制高端收音机。双方很快达成了协议，随后二者联合创立了国道电机，注册资本5万日元。

松下幸之助觉得凭借北尾的技术和自己的销售网，产品一定会畅销的，代理店也都认为这是渴望已久的松下电器，结果却出人意料。卖出的收音机故障不断，退货率直线上升，连松下电器其他产品的销售也受到了影响。

代理商们纷纷向松下幸之助抱怨："松下君，我们愿意销售你们的收音机，是因为充分信任贵公司。你们的产品质量一直都非常好，可是你看看，现在的情况真是糟糕透了。客户们天天来退货，说你们生产的东西经常出问题。客户们怨声载道，我们真的没办法再卖了。"代理商们不仅不肯付给松下电器收音机的货款，连其他商品的货款也拒绝支付了。不是代理商无理取闹，真的是这个产品给他们带来的损失太大了。

松下幸之助也百思不得其解，北尾的产品是在市面上故障率最低的，为什么反而出现了这么多问题呢？是北尾的生产环节出了毛病，还是自己哪方面出现了问题呢？他立即着手去调查原因。北尾在生产方面没有问题。技术人员还是原来的技术人员，技术也还是原来的技术。虽然生产量增加了，但这不会对技术上产生任何影响，不是生产质量的问题。

松下幸之助很快发现了真正的原因。原来，北尾过去销售的收音机，都是在收音机店或者以销售收音机为主的电器行出售的。这些店里的销售人员都多少懂些专业技术，他们知道收音机的故障率高，因此在卖出以前，都会一个一个地试机，查出了毛病就在店里维修，然后再卖给顾客，所以退货给收音机工厂的情况几乎没有。退货少不完全是因为北尾的产品质量好，而是这个销售渠道很特殊。松下电器的销售网，多半都以电器行为主，懂收音机专门知识的零销店比较少。他们连"真空管松了或捻子松了"这样的小问题也没有办法解决，他们从箱子里拿出来，打开开关看看，能响就以为机器没有问题。可是，也

不能要求这些代理商为了销售收音机去学习专业知识吧。

现在看来，北尾的产品和松下电器的销售网是无法结合在一起的。要么按北尾工厂以前所销售的那样，把收音机卖给有技术的收音机行，要么必须重新研制不必检验的收音机。松下幸之助反复思考这个问题，觉得这是一个设计思路和销售体制的差异问题。松下幸之助认为产品设计必须考虑销售的方便，如果只能由少数人销售自己的产品，那么这个产品将来一定无法成为畅销产品。松下幸之助和北尾商量，能不能考虑生产那种没有专业知识的电器店也能卖的收音机。

没想到，他的建议遭到了北尾的强烈反对："对不起，我想我没有办法制造'绝对不会出故障'的收音机。既然你的销售网不适宜经销收音机，我们就把收音机放到专卖店去卖就行了。如果只考虑销售时的方便，我们就必须牺牲掉那些重视音质和灵敏度的精密设计。你要知道，我是制造收音机的专业人员，你的想法根本就不切实际。"

松下幸之助反复地劝说北尾："我不赞同你的想法。你为什么认为收音机就一定是会出故障的东西呢？如果你是一位医生，自己应该首先相信病人的病是很轻的，很容易治好。我觉得，你应该把收音机当作外型虽然很大但构造简单的东西来看。我相信以你的技术，只要稍加改进，一定可以把我们的产品变成没有缺点的东西。"

北尾没有办法理解松下幸之助的想法。他在想："收音机怎么会是简单的东西？如果你松下幸之助能自己设计收音机，当初还和我合作干吗呢？不就是因为制作技术复杂，而我是专业人员嘛。你这样说，等于在侮辱我的专业能力。"

这不是一个简单的技术问题，而是一个理念对抗的问题。双方都没有办法接受对方的观点，最后他们选择了结束合作关系。合资的国道电机由松下幸之助接管，变成了松下电器的第七工厂。北尾重新建立了二叶电机，继续生产收音机。

第四节　我们一定行

生产者的使命，在于能将贵重的生活物资如自来水一样，无穷尽地生产下去，逐渐消除贫穷。只要贫困消灭，那贫穷所引来的烦恼痛苦也会消除。只要人类生活的烦闷得以消解，有了富足的物质生活，再加上精神上的平安，自然就有快乐幸福的人生。

——松下幸之助

北尾离开了，也带走了和他一起来的所有技术人员，这使松下电器的工厂里甚至连一个技术员也没有了。要想挽回声

誉，继续生产，松下电器必须要研发出新的收音机。而松下电器的研究部门过去只负责研究一般电器用品，从来没有研究过收音机。松下幸之助找到了研究部主任中尾哲二郎，要求他负责收音机的研发，短期内制造出理想的收音机。中尾不敢随便答应松下幸之助，因为研发没有问题，但短期内研制成功就有点强人所难了。中尾告诉松下幸之助："我们的研究部从来没有研究过收音机。从现有的技术力量上来说，设计理想的收音机是有点困难的。您得给我一段时间，我愿意试试看。"

松下幸之助鼓励中尾："不能慢慢来，我们没有时间等着你慢慢地研究。北尾走后，工厂里没有技术人员，生产已经停顿了下来。早一天研究出来，我们就能早一天开工，公司的损失才能减少。我和所有的工人都在等着你。"

松下幸之助交给中尾的任务，并不仅仅是研发收音机，他还要求中尾将研制出来的收音机拿去参加比赛。原来，日本广播协会东京中央广播局（现NHK）将要举办无线电接收器性能大赛。大赛的应征要求是"以面向普通家庭为目标，绝无故障、音质优良、操作简单、价格低廉"，这正是松下幸之助所追求的新产品的目标。只有3个月的时间，怎么可能呢？别人是拿成品进行修改，而自己连东西都没造出来，中尾不想参加，松下幸之助批评他："你们不是造不出来，而是没有'绝对能制造得出来'的信心。你们要下定决心，无论如何也要在短时间内做出最好的东西来，这才是问题的关键。市面上有的是成品，去把这些成品买回来，一个个拆开研究，我相信你们一定能行！"

中尾不再推脱，他马上开始带领两个刚毕业进公司的新员工开始工作。这两个年轻人分别毕业于东京高等工业学校（现在的东京工业大学）和神户工业专科学校（现在的神户大学）。中尾相信，凭借着年轻人的热情和专业知识，一定可以制造出理想的收音机。短短的3个月，中尾真的完成了收音机的样品，这时距离比赛报名的截止日期只有一天的时间了。中尾觉得，自己匆匆忙忙做出来的东西，获奖的可能性太小了。但无论如何，自己还是完成了任务，别的就不能期待太多了。令松下幸之助和中尾没有想到的是，松下电器的送展样品，竟然从167台应征作品中脱颖而出，被评为一等奖。

中尾哲二郎，他的经历也是与众不同的。1901年，中尾出生于东京神田。他少年时的经历和松下很像。读小学时，父亲经商失败，他放弃了升中学的机会，先是到了一家生产装饰品的工厂做学徒，后来又到了一家生产纪念章的工厂做学徒。1923年关东大地震后，中尾来到了大阪，在松下电器的一家下包工厂工作。松下幸之助很欣赏中尾的工作热情，把他挖到了松下电器。可是没过多长时间，他却向松下幸之助提出了辞职，回到了东京。原因很简单，自己最早当学徒的地方面临困境，请他帮忙重振旗鼓。他觉得那个地方曾经对自己有恩，尽管在松下电器会有好的发展前景，中尾仍然毫不犹豫地选择了回去。了解到这一点后，松下幸之助非常感动。这样一个有情有义的人，是值得依赖的。更何况，中尾的工作能力也是非常强的。松下幸之助舍不得让他就这么离开，于是，就用松下电器的力量来帮助中尾去重建那家公司。过了一段时间，松下幸之助再次把中尾请回了松下电器。没有什么学历的中尾，始终在幕后支撑着松下电器的技术实力。中尾后来担任过技术总部长、副社长，始终是松下幸之助的亲信。74岁那年，中尾成为松下电器的最高技术顾问。

在中尾研发期间，松下电器的企划部长井植岁男给了他大力的支持。井植岁男曾经在东京待了4年，主管销售业务。他不仅和批发商很熟悉，还与各个厂家的关系很好。井植岁男经常跑到其他的无线制造商那里，东摸摸，西看看，研究别人的产品优势在哪里。井植岁男也帮助中尾从东京买来收音机作为样本，然后在这些产品的基础上进行改良，把它们变成自己的东西。当时无线业行业的老大是田边商店。每次井植岁男去拜访田边时，都会向他请教一些收音机制作方面的知识。回去后，井植岁男会在第一时间把这些东西教给中尾。井植岁男从田边那里偷学来的技术，对中尾的研发起到了非常重要的作用。

1943年，在《无线电联合报》为纪念无线电广播开播20周年的座谈会上，有一位无线电制造商是这样评价松下电器的："松下幸之助成功的原因全都在这里。不管什么事情，即使自己比人家晚了一步，也能把别人的长处拿来变成自己的东西……他模仿了田边先生的磁扬声器，这边卖六七日元的东西，他两日元就卖了。不管是变压器还是三共的整流器，都被他这么干过。"

我们回头看看松下电器生产的商品，也会注意到这一点。松下研发的每项产品，在业内都不是最早的，但一定是最好的。

松下电器很快隆重推出了自己的新产品。新产品被打上了"获奖作品"的名号，销售价格是每台45日元。45日元，是当时小学教师一个月的薪酬。这个价格相当昂贵，远远超出了同类产品的价格。田边商店也有一款获得一等奖的产品，销售价格不过35日元。其他厂家的产品售价大约在25至30日元。松下在收音机制造行业中还是个新兴厂家，要想占有市场，必须要比别的厂家价格更低。而现在松下电器的价格，竟然高出同类产品这么多，代理商们觉得无法销售这样的产品。

对于这一点，松下幸之助有着自己的打算。如果从一开始就以赔本的价格销售，那么就没有办法把这项事业持续下去。确实也有很多商家会赔本销售，但通常在挤垮了别家企业后，也要把价格再涨上去。从某种意义上讲，这种恶性竞争短期内会获得一定的利润，但通常会对这个行业产生不好的影响。可是，要想销售这种在价格上没有任何优势的收音机，必须要依赖这些经销商。但如何获得经销商的支持呢？

和创造世界名牌的人 一起放飞梦想

Let the dream fly

1931年，松下幸之助召集代理商们开会，在会上，松下幸之助推心置腹地和他们交流了自己的想法："各位，今天所发表的收音机价格，的确比别家高。我们不是不知道低价促销的策略，可是大家也要知道，如果各制造家都因恶性竞争而胡乱定价的话，收音机行业如何能够更好地发展呢？收音机普及率会愈来愈高，市场前景一定会很广阔。我们的最终目标是生产每个家庭都能买得起的产品。可是现在，我们没有足够的资金来实现这一点。我们必须要赚取更多的利润，这样才能改进产品。我真诚地拜托各位，不要把自己仅仅当成一个批发商，而要把自己作为松下电器的代理商，与松下电器共存共荣。我们发展壮大后，才能更加廉价地生产优质产品，为社会做出更多的贡献。"

是啊，要想廉价地生产收音机，不仅要松下电器努力，也需要销售商的努力。把销售商当成松下电器的一部分，相互支持，相互融通，这样才能在激烈的竞争中共同生存下去。当时的很多代理商未必能够完全理解这种想法，但大家选择了相信松下幸之助。

4年后，松下电器的收音机年生产量超过了11万台，市场占有率达到了47%。这时，松下电器生产的收音机价格是6.5日元，是当初上市时价格的七分之一，他真正让收音机成为像自来水一样的廉价商品。

第五节　免费的真空管

> 坚守核心理念，以核心理念为指导展开经营活动，企业的长远目标不以短期利益诱惑为转移。
>
> ——松下幸之助

松下电器的收音机价格降低了，市场的销量也很好。松下幸之助很快发现，自己并不能随心所欲地扩大生产。当时的National收音机使用了RCA的无线电布线专利，作为交换，必须要用RCA的子公司东京电气生产的玛兹达真空管。这样一来松下电器的产量并不是由市场销量决定的，而是由真空管的供应量所决定的。RCA公司与普通公司不同，它通过参股无线电通信领域的大企业，把它们所拥有的无线专利技术集中在自己的手里。它有超过4000个专利，这些技术都是无线电生产所必需的技术。如果你想使用这些技术，不仅要支付专利使用费，还要同意一些附加的条件。如何才能打破这样的局面呢？

1932年，松下幸之助将自己花费重金买到手的一项真空管专利，无偿开放给了包括自己的竞争对手在内的所有厂家。他

的这一举措，让日本无线电业惊呆了。

当时，许多收音机使用的是一位年轻发明家安藤博开发的真空管，使用这项专利必须支付给安藤高额的专利使用费。如果有的厂家不想支付，安藤就会提起诉讼，状告这些厂家侵害了自己的专利权。松下幸之助这样评价安藤："他脑子里就想着专利，自己也没想过要用它做什么东西。只是不管到哪个公司去，都会发一通牢骚然后索要使用费，让整个行业非常头痛。"安藤自己不生产产品，却把专利使用费抬得很高，让收音机制造商们伤透了脑筋。

松下幸之助要改变这一现状。这不单纯是真空管的问题，而是被各项专利束缚手脚，无法自由发展的问题。松下幸之助派出了自己的得力干将——松下电器企划部长井植岁男去和安藤交涉。井植岁男开始了和安藤长时间的交谈，时间持续到了第二天凌晨两点，这真是漫长的一夜。最后安藤终于同意以2.5万日元的天价把真空管相关的三项专利卖给井植岁男。当井植岁男给一直等候的松下幸之助打电话时，松下幸之助指示他："为了无线电业的发展，把这项专利让大家都放心使用吧。"

两天后，松下幸之助在帝国饭店召开了新闻发布会，他宣布将真空管技术无偿提供给所有的收音机制造商使用。10月18日，松下幸之助在大阪中央电器俱乐部再次召开了同样的新闻发布会。松下幸之助立即成了新闻的焦点，日本的

《无线电通信》《无线电时代》都报道了他免费提供真空管技术的创举，给予他无上的赞美。

松下幸之助为什么这么做？要知道，松下幸之助不是慈善家，他是一个名副其实的商人，他有着自己的商业目的。对松下幸之助而言，他看重的不是一点技术转让费，而是事业范围的扩张。他要用这一招来对抗自己未来的竞争对手：东京电气。

东京电气手中握有多项技术专利，这些专利不仅涉及无线电行业，还涉及电灯泡行业，日本的各大电灯泡厂家每年都要向它支付大量的专利使用费。松下电器要想进军灯泡业，就必须扫除专利的障碍。当时日本法律正要将专利期限从15年延长到17年。如果真的是这样，那么松下电器就必须要向东京电气支付高额的专利使用费。这样一来，松下电器的脚步就不得不放慢了，松下幸之助要想结束东京电气一统天下的局面，就要把真空管转让作为一个机会。

果然，媒体在赞扬松下幸之助的同时，也站出来指责东京电气："作为一介商人的松下幸之助尚能显示出如此崇高的态度，而作为大公司又总是口口声声说支持国产的东京电气，切不可张口闭口就是专利，再行追逼支付专利使用费之类行为。"

抛开商业利益的追逐，松下幸之助在这件事上的确显示出了过人的胸怀。他心中装的，更多的是行业未来更好的发展，

而不是自己眼前的一点蝇头小利。松下幸之助能从小的电灯插座做起，到后来生产收音机、电视机，发展成为电器行业的领军人物，其中一个重要原因，就是他的眼光从来不局限在眼前的既得利益，而是关注于对未来的追求。

在昭和初年，电灯泡曾是日本的重要出口商品之一。1926年日本电灯泡出口总额为296万日元，5年后达到了588万日元，次年又翻了近乎一倍，上升到了1019万日元，可以看出，这是一个有着巨大潜力的行业。除了考虑利润外，松下幸之助是从做电灯插座起家的，电灯泡的事业对他来讲相当有吸引力。

不要小看电灯泡，在当时，这个小东西的技术含量是相当高的。松下电器虽然生产收音机获得了成功，但在生产电灯泡面前却显示出了技术实力的薄弱。松下幸之助觉得，自己之前的产品都获得了成功，生产电灯泡也一定不会有问题。于是，他接下了西班牙一家公司的一个小小的订单，并收到了14英镑的预付款。但在交货期限，松下幸之助却一个灯泡也没生产出来。对方一再催促，松下幸之助也没有任何回音，对方将这件事告到了驻西班牙大使馆。外务省调查了此事，并要求松下幸之助退还订单货款。这件事真是太丢人了，松下幸之助开始全力研发新的电灯泡。

第六节 从零开始的电灯泡

漫无计划的降价、折扣，不仅是对自己的商品缺乏信心，而且也难以扩张自己在市场上的地盘，可能还会削弱自己产品在销售市场上的优势。

——松下幸之助

1936年，松下National电灯泡株式会社成立。这时松下电器生产的电灯泡技术还是非常一般的，根本无法与东京电气相抗衡，但松下幸之助有信心。他想：凭借自己庞大的销售网络，一定可以为自己在电灯泡市场上争得一席之地。

当时市场上最畅销的灯泡是东京电气生产的玛兹达灯，它占了近70%的电灯泡市场份额。玛兹达，这个品牌的名字取自琐罗亚斯德教的最高神阿胡拉·玛兹达的名字。琐罗亚斯德教被称为拜火教，将火视为光明的象征。玛兹达意味着给人们带来光明的意思。玛兹达灯可不仅仅是名字取得好，它的质量更是远远超过同类产品。一个玛兹达灯要卖36分钱，别的厂家的灯只能卖10分到20分钱。

松下的National电灯在质量方面无法与玛兹达灯相比，和当年开始销售收音机一样，松下幸之助要求销售商以与玛兹达灯相同的36分钱的价格销售National电灯。大家觉得松下幸之助简直是疯了。有人嘲笑他："你的灯与玛兹达灯卖同样的价钱，就好像明明是个小太监却要享受皇上的待遇嘛。"批发商和销售商纷纷抵制这种新产品的销售。松下幸之助召开了批发商和销售商会议，他的话让这些人同意了自己的意见。

松下幸之助是这样说的："我知道大家觉得我的想法不切实际，但我坚持我的做法。大家都销售电灯泡，也都知道东京电气是这个行业的龙头老大。如果我们想让这个行业发展得更好，我们就必须培养出一个老大和东京电气竞争。谁来培养？就是在座的各位。如果你们能多卖些电灯泡，我们一定可以成为电灯泡行业的另一个老大。我们之间的竞争，会让各位有更大的利益空间。大家想想是不是这样呢？所以请各位努力地卖我们的电灯泡吧！"

松下幸之助接着又说道："如果一个电灯泡开始卖25分的话，它就永远只能卖25分，只有降价的空间没有提价的可能。我们要想做老大，必须按36分来卖。请各位给我时间，我一定能把它变成物有所值的商品。"

客观地讲，松下幸之助提出的要求相当过分。可那又能怎么办呢？对于缺乏技术实力的企业来讲，要想打入市场，就诉诸人情。这些批发商大都是通过个人奋斗取得了成功，在他们奋斗的过程中有无数的人帮助过他们。他们真正理解松下幸之助的感受，也愿意帮助他共同渡过难关。收音机的销售成功充分证明了，松下电器的产品可能暂时有问题，但未来一定能够成功。

到了真正销售的时候，松下电器生产的电灯泡还是让批发商们头痛不已。产品质量太差了，灯头的接触部分不能跟灯泡紧密固定在一起，往灯座上安装时，顾客只要稍微用点力就坏了，批发商将其戏称为"细命灯草"。

批发商们很生气，集体去找松下幸之助谈判，质问他为什么生产如此劣质的产品。批发商们你一言我一语不断地咒骂，松下幸之助坐在一旁一言不发，静静地听着。等这些人发泄完了，松下幸之助才说："我也不想让各位销售这样的产品，对此我感到非常抱歉。我也想马上改进，但现在我们真的没有办法。真的非常抱歉，请给我3年时间，我一定会生产出比玛兹达灯还好的产品。"

这么劣质的产品，却要和玛兹达灯以相同的价格销售。玛兹达灯为了与之对抗，开始降价销售，松下等待的就是这样的效果。松下幸之助多年来一直致力于构建覆盖日本全国的销售网。到了1935年，松下已经拥有了400多个代理商和5万多家加盟店。松下幸之助要求自己的代理商，对于自己负责地区以外的销售商原则上不批发商品。对于销售商，必须严格按照厂家指定的价格销售。这样就从自身杜绝了任意降价的可能。松下

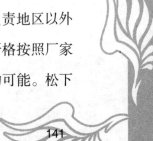

幸之助明白，仅有情感和信任是远远不够的，必须有完善的制度才能保证销售渠道的畅通。同时，松下幸之助强调销售和分红挂钩，激励销售商努力推销商品。

12年后，市场占有率充分证明了松下幸之助的策略是正确的，玛兹达灯当年自降身价竞争的做法极不明智。它的降价销售，让消费者觉得玛兹达灯和二流厂家生产的产品没什么差别，市场占有率从70%跌到了10%。而从零开始的松下电灯占有了市场份额的5.5%，排在了业内第三的位置。看来有时候优秀的商品如果销售方法出了问题，商品自身的价值也会被断送。

无独有偶，美国第一大热水器巨头A.O.史密斯公司在中国的销售，也采用了松下的策略。A.O.史密斯公司于1998年在中国设立基地，建立了完善的研发、生产、销售及服务一体化的现代化管理体系。在产品价格定位上，A.O.史密斯坚持高端定位策略，其平均价格比市场平均水平要高40%～50%，但没有超出中国消费者的心理承受能力。在其他国内外品牌纷纷降价时，A.O.史密斯电热水器没有参与价格战，产品的价格不降反升，使它在中国的零售量占有率居第三位，零售额处于第二位。

创意无限的松下电器

和创造世界名牌的人

一起放飞梦想

Let the dream fly

142

第七节　全新的事业部制度

> 如果把许多人聚集在一起，感觉上似乎人手很足，而结果却是人力和时间的浪费，责任也无法追究。应该把一项大工程分为几个部分，每一部分都指派专门负责的人监督，并利用人类争强好胜的天性，激起斗志，以便能在短期内完成工作。
>
> ——松下幸之助

1933年5月，松下幸之助决定采用各部门独立经营的"事业部制度"，实际上也是一种分权管理体制。各事业部由负责人全权负责，制订自己的目标和计划，要有自己的赢利成绩，每个部门独立核算，不允许用一个部门的赢利填补另一个部门的亏损。

松下幸之助这个想法是受丰臣秀吉启发从而诞生的。日本战国时代，丰臣秀吉年轻时曾在织田信长的手下做事。青州城的城墙曾经倒塌了大约180米，工人们花费了20多天的时间也没修好。信长对工程进度的缓慢非常生气，就说："现在正处于战乱时期，不知道敌人什么时候会进攻，一道城墙修了那么久还没完工，是多么危险的事。"

于是信长派秀吉去帮助负责修理城墙的工程官。秀吉接受任务以后，首先把杂乱无章的工程步骤重新规划，然后把180米的塌墙分成10段，每段18米，又将全部工人分成10组，每组派遣一个工头带领，采用竞争的方式，分别做自己的工程，结果不到3天，城墙就修复竣工。他用的就是分层负责的办法，使工作效率提高了数十倍。

这种事业部制，加强了企业内部的竞争。一个部门赚钱了，绝不会分给另一个部门，因此，每一个事业部都要靠自己想办法获利，每一位事业部的主管都是自己事业部的负责人，要承担起领导责任。这些主管在自己的责任范围内，主动热心地发挥创意和才能，这样才能保证自己的事业部获利。

松下幸之助把收音机部门改为第一事业部，任命井植岁男为部长；电池车灯和电池部门为第二事业部，井植薰担任部长；配线器具、合成树脂及电热器等部门合并成第三事业部，松下幸之助自己兼任部长。如此，每一个事业部都相当于一个独立的企业，在生产、销售、财务、科研开发等方面都相对独立，拥有一定的自主权。各事业部的盈亏由部长全部负责，对各部的考核标准是以盈亏为第一标准的。

企业内部的实力增强了，外部竞争的实力也相应地增强了。

事业部成立后，松下幸之助开始着手研究小型马达的制造。一听说松下幸之助要研究小型马达，很多人都力劝他放弃这一想法。要知道，曾经制造马达闻名的奥村、北川两家公司都已经破产了。大阪一带，没有一家电机制造厂敢再冒险生产。大家都知道，松下电器是生产家电用品起家的，而马达应该是动力电机厂的产品，不适合自己来开发。可松下幸之助并不这么看，他认为，小型马达将来一定会成为家庭生活的必需品。松下幸之助挑选了刚从高等学校毕业三个月的佐藤士夫负责研发工作。佐藤在学校里只学过一点理论，根本没有接触过小马达。和当年的中尾一样，佐藤先是买来市面上的马达，然后再拆开来观察研究。

不过，佐藤的情况比当年的中尾好多了。松下幸之助不仅给了佐藤5万日元的研究费，还派了一名京都大学电机系毕业的桂田德胜协助他。经过一年多的艰苦努力，佐藤在第二年的11月开发出了1/2马力的小型马达。松下幸之助将其命名为"松下开放型三相诱导电动机"。这种小型马达就算与闻名国际的三菱马达比较也毫不逊色。于是松下幸之助开始在收音机部门工厂内，设立专门制造马达的工厂，开始大量生产。

与此同时，松下又与冈田电气公司合作研发了新的蓄电池。从1934年到1935年间，松下电器开发的新产品数量超过600种，生产总额达到880余万日元。这时的松下电器，拥有的员工数量达到3545名，已经成为电器制造业的先行者。

Panasonic

第五章　走向新时代

Panasonic

第一节　卷入战火中的松下

　　"稻穗越成熟，头越低垂。"同样道
理，人越伟大，越谦恭恳切。只有那种半桶
水的人，才会摆架子、自大。公司也一样，
规模越大，从业员的态度，也应更加谦恭恳
切，否则将破坏公司的信誉，也会受到社会
的指责。

——松下幸之助

　　随着日本侵华战争的推进，松下电器也卷入了战争的洪
流。松下电器开始停止民用产品的生产，转而制造军用品。电
热器、电风扇都被列为奢侈品并禁止生产。早在1937年松下电
器就开始接受陆军省的订单，负责生产机关枪子弹的简单金属
部分。随着战争的深入，松下接到的军方订单也越来越多
最开始的辅助部件扩展到各式兵器。松下电器收音机公
负责为军方制造军用的无线电收发报机、电话、电
件。

　　在战争形势下，松下电器在日军占领地不断

厂。1938年，国家要求建立"满洲"松下电器；1940年在海军司令部的要求下，在中国上海建立松下电业工厂；1942年，又在陆军军政部的要求下，在荷属雅加达建立干电池厂。1932年至"二战"结束时，松下电器在国外所设的工厂总共有39处之多。战后残存的17处工厂全被当地政府所接收。在战后贸易重开之前，松下电器的海外活动，完全陷入停止状态。

在战争期间，很多企业为了发战争横财彻底放弃了民生产品的生产。有的厂家虽然生产，却不太注重质量，粗制滥造。在产品生产上，松下电器坚持保证民用产品的质量。在日本严格限制收音机、电灯泡、干电池的生产原材料的情况下，松下电器仍然坚持不肯放松产品的质量。在战时状态，粗劣产品尚供不应求的时候，坚持要生产足工足料的优良产品，这样的举措无法被人理解。但松下牢牢坚持这一原则，这为战后松下电器的复兴打下了良好的基础。

虽然投身于军需品的生产，但松下电器从未放弃新型实用技术的研究。松下电器公司在战时的1939年7月，成功试制了电视机，收视情况良好，松下电器原本打算参加1940年在东京举行的奥运会，但随着战争局势的变化，奥运会未能如期举行，这一技术也被暂时搁浅了。战后，松下电器却凭借着战前的技术迅速开发出畅销的电视机，并将其打入了海外市场，真空管的开发也是如此。松下电器一刻也没有因为战争放松技术的研发，这是松下电器战后迅速崛起的重要条件。

　　1941年，太平洋战争爆发，所有的产业活动都改为军需生产。松下电器受日本军方委托，开始生产与电器毫无关系的木船和木制飞机。

　　松下幸之助为什么会选择制造这些自己一点也不熟悉的飞机战船呢？松下幸之助后来在回忆中指出，一方面是有"为国效劳"的思想，另一方面是有炫耀的心理。他说："当时有一半是为国捐躯都在所不惜，何况只是受命制造飞机战船，岂能有轻言推托的之心；但另外一面嘛，的确是多少有些'我不能做就没有人能做'的骄矜心理。只是为做这个工作，事后的担子太沉重了，所以深深地感到：人生的失败，往往起因于那种炫耀自己的心理。"战后松下幸之助在反省自己的错误时，深刻地认识了这一点。

　　松下幸之助后来回忆飞机的制造时曾谈到，当时的海军中将大西泷治郎将他请了过去，拜托他为日本海军生产飞机。松下幸之助当时吓了一大跳。自己连飞机的飞字都不认识，怎么可能生产飞机呢？松下幸之助说："我对飞机的制造方法完全不懂啊。""不用担心，海军会派技术人员去指导的。你负责创建飞机公司，给帝国海军制造木制战斗机。"

　　松下电器已经创建了松下造船株式会社，为日本海军生产木船，现在又要造飞机。松下幸之助不得已，从住友银行贷了1000万日元成立了松下飞机。松下幸之助隐隐明白，战争形势对日本越来越不利，他陷入了深深的担忧，因为一旦战争失败，自己在海外的所有投资都将化为乌有，而自己又已经从银行贷款建设了海外工厂、造船厂和飞机制造厂，日本一旦战败，就意味着自己将走向破产。果然，战争结束，这个噩梦一下子变成了现实。在这些机船还没生产出来之前，日本就宣布了无条件投降，这些东西变成了一堆废品。更严重的是，政府和军方根本拿不出钱来补偿松下幸之助，而松下幸之助为此所贷的款则务必要还上。松下幸之助在战争期间从住友银行贷款2800万日元，而自己的全部资产只有不到2400万日元。这意味着松下幸之助真的要变成穷光蛋了。

第二节　我不是财阀

> 认清什么时候应坚持既有的立场，什么时候采取断然的措施适应时代的变化，这就是经营者应有的判断力，也是决断力。
>
> ——松下幸之助

日本战败已经成为定局，松下幸之助并没有觉得意外。事实上，松下电器早就开始为战争结束做准备了。战争一结束，松下电器就马上开始实施重建计划。正当很多日本的工商业主还在为如何从军需生产向民用生产的转变而苦恼时，松下电器就已经迈出了转变的第一步。

日本战败后的第二天，即1945年8月16日，在很多日本人还在对战争结束的消息将信将疑时，松下幸之助就召集了全公司的干部开会，宣布立即由军需生产转变为民生必需品生产的方针。"战争是打败了，但日本需要从现在开始立刻重建，公司也要迅速迈出战后发展的第一步。我希望大家迅速整理工厂，务必尽快拿出产品，这是我们的责任！"

战争可以结束，但人们的生活无法结束。松下幸之助认为，自己是公司的负责人，要对2万员工以及60家工厂负责，他立即着手商讨公司重建计划。四天后，公司向全体员工发表了重建计划："目前，我们面临本世纪最为剧烈的变革时期，松下电器公司必须迅速恢复和平生产，迈出重建日本的第一步。我们无法预知未来的命运，但不论发生任何变动，物质缺乏的情况一定会发生。我们必须重新振作起来，松下电器没有别的选择。工业是国家复兴的基础，在此我可以说大家都将是日本工业复兴的开路先锋，同时也欢迎已经失业的和将要失业的人们来这里工作，大家精诚团结，携手合作，发扬松下电器的传统精神，为日本的重建多作贡献！"

战后的日本，精神上的打击和生活上的困窘时刻影响着每一个日本人，他们终于体会到了被侵略国家人民的痛苦。可是，像松下幸之助这样的实业家没有时间去悲伤难过，他唯一

想做的是抢在对手前面迅速恢复生产。

松下电器公司的实际情形很糟糕。工人是为了制造飞机轮船临时招来的，工厂是为了制造军需品而建的。这些人和设备在民用品生产上未必能发挥作用，有的反而成了战后恢复生产的累赘。好在松下电器在"二战"期间从未停止民用品的生产，保住了不少的设备和技术。随着战争的结束，一些人才又重新回到了工厂，没用多长时间，松下电器就恢复了民用品生产。在销售方面，首先在东京、名古屋、福冈等地，重新开设办事处，销售渠道一步步恢复，很快就开始生产销售收音机、电炉等；次年年初，松下电器的留声机、扩音器、音量调谐器、电阻器、干电池、探照灯、小型照明灯、沥青绝缘材料、马达、电灶、熨斗、电热器、电风扇、电灯泡、保险丝、自行车零件等都成功恢复了生产。

这时松下电器的借款已达2亿日元以上，每个月光是利息，就得负担80万日元以上。对于销售额一个月不到100万日元的松下电器来讲，真是举步维艰。更何况，当时的设备不足、粮食困难等因素都直接影响了工作效率，生产没有办法如期完成。但松下幸之助始终坚信，只要全体员工齐心协力，就一定能够渡过难关。松下电器在无数次面对困难时，都是因为全体员工的同心协力才渡过难关的，松下幸之助相信这次也可以。

在临时经营方针发表会上，松下幸之助向所有员工阐明了松下电器未来的发展方向："今后将是自由竞争、适者生存的时代。要使公司成为竞争的胜利者，全体员工必须发挥勤劳的美德，当然这必须先使每个人的生活安定。因此，本公司认为'高薪津，高效率'是理想的制度。为了达到这个理想，我们要将'步一会'恢复战前的形态，作为全体员工的福利机构，追求全体员工的经营实益。同时各单位的工作也要详加细分，再加以深一层的专门化，使各位所担任的业务、生产、经营各方面，都成为世界上最高的专项权威。这些细分后的经营，将来加以组合，即可以奠定我们大企业的根本。美国采取'适才适所主义'，非常重视职能，才有高效率。日本由于过分重视职位的高低，没有专门化的观念，以致无法提高效率。日本的复兴谈何容易？目前的情况当然非常艰苦，各位员工的努力必然会表现在经营上，我们的生活才能丰裕，也才能为社会提供丰裕的物质。但愿全体员工同心协力，为达成产业人的责任奋斗到底。"

紧接着，松下幸之助发布了一连串的命令：废止职员工人区别制、实行全体员工薪金制、八小时劳工制等合乎时代的政策。

除了强调高薪津、高效率及专门细分化以外，松下幸之助更将技术的提高列为一大方针，并且勉励大家："松下电器的制品，在实用方面可说居于领先地位。今后希望在品质方面，也要成为日本第一。"在其他公司仍为恢复生产而苦苦挣扎的时候，松下幸之助已经为公司未来的发展明确了目标。不贪图眼前的利益，也不专注于眼前的困难，松下始终把目光放在了未来长远的发展上。这使得松下电器在负债累累的情况下，依旧能够破冰而出，顽强地生存下去。

松下幸之助的重建方案，还包括了开展业务整顿、实行公司改制、全面推行合理化生产、各工厂独立进行核算等措施。为了加强销售工作，松下幸之助还亲自拜访了新老代理商和经销店。在他的努力下，松下电器牵头成立了代理店组织——国际共荣会，并恢复了战前的联盟店制度。这些措施为建立有序的竞争机制提供了保障。

就在松下幸之助雄心勃勃地规划着松下电器未来发展的时候，盟军的"解散财阀政策"，使松下电器陷入了前所未有的危机。作为战败国，日本的工业生产受到以美国为首的盟军指挥部的限制。因为松下电器在战争期间为日本侵略军生产武器，盟军总司令麦克阿瑟将军颁布了《限制公司的制定》，下令冻结了松下电器及其下属32家公司的资产，3个月后，松下幸之助被冻结了所有的个人财产。为了向被侵略国支付赔偿金，松下金属、松下飞机、松下航空工业等工厂被统统没收。松下本人被盟军指定为财阀。这时的松下，只能眼睁睁地看着生产停顿，除了每天借酒浇愁，他实在不知道自己还能干些什么。在几年的时间里，松下幸之助被定为财阀，就连家里干活佣人的月薪都不得不每月向当局申请。松下幸之助不得不向朋友借钱，以维持日常生活的开支。松下幸之助觉得，自己被关进了没有栏杆的监狱。

在随后的日子里，被指定为财阀家庭的其他13家，都退出了公司，但松下幸之助坚持不从公司辞职。令松下幸之助感动的是，松下电器的员工并没有因为他被认定为财阀而舍弃他，自己长久以来对员工的付出得到了回报。当时的盟军总部奖励成立工会，松下电器也成立了为数1.5万人、拥有42个支部的松下电器工会。因为松下电器公司的劳资关系始终比较好，松下电器公司的工会没有采取任何破坏性行为，他们在社会经济混乱的时代，虽然为了提高劳动条件与公司协商，但从未放弃拥护松下电器的发展基础。

当松下幸之助被盟军指定为财阀，要求他辞职离开公司时，工会竟主动发起"解除社长被驱逐"运动。松下工会的工会会员和家属共有8781人，有8181人在请愿书上签了字。工会的代表们拿着工会成员、家庭签名的请愿书，从大阪跑到东京，到相关机构上访，为松下幸之助求情，这让当时的政府要人都大吃一惊。

后来在1949年、1950年的企业整顿之际，工会所表现的理解与合作，也成为重建松下电器的基础。当时由于不景气的形势恶化，粮食缺乏，每年都有两三次大幅提高薪水的要求，都得到了圆满解决。松下电器为了解决员工们的生活，1946年中三度调整薪水。同时在7月，也建立了粮食对策、休假办法

等，以谋求员工们生活的安定，但松下电器的日子仍然很不好过。

而在此时，松下幸之助妻子的弟弟井植岁男也辞职开始自己创业开办新的公司。井植岁男与另外两个弟弟开办了三洋电机公司，成为未来松下电器的对手。在此四年，松下幸之助不断提出抗议，要求解除财阀认定，于1949年底获得"财阀"的解除令。1950年，限制公司的指令也被解除。松下电器终于能够自由地展开企业活动了，也很快迎来了新的发展契机。

战争带给松下幸之助最大的收获，就是把他的眼光变得更加宽阔了。从前他是以一个日本人的立场来考虑事情的，如今他要以一个世界人的眼光做判断。松下幸之助向员工提出：从今起，要以"重新开业"的心态，开拓松下的经营，要从更大的世界观来看事情，要将全新的松下电器推向世界。

第三节　你要付我经营费

> 智慧、时间、诚意都是企业的另一种投资。不懂这个道理的人，就不是真正的公司从业员。
>
> ——松下幸之助

1950年6月，朝鲜战争爆发，美军为就近补充军需，开始向日本工商界大量订购货品。朝鲜战争之前，日本全国工厂的存货总额达1000亿至1500亿，直到朝鲜战争爆发，这些存货很快就一销而空。

松下电器也有了这样的好机会。战前松下每月的销售额才几千万，战争爆发后的6个月内，松下电器接到了干电池、蓄电池、通信机械、电灯泡的订单，这些订单总额将近4亿日元。朝鲜战争期间，松下电器在美军订货方面赚得盆满钵满。待到朝鲜战争结束后，松下电器已经为自己未来的发展累积了足够的资本，迅速转向了民用电器的开发和生产。5月开始发售高级收音机，12月开始发售新型照明器具——日光灯。同时，松下电器重新开启了因战争而中断的电视机研究项目。

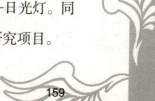

1951年1月，松下幸之助第一次赴美，开始为期三个月的旅行，他要了解海外市场的情况，为下一步打入海外市场做准备，同时引进国外技术，学习别人经营的长处。美国的自由与繁荣，给了松下幸之助很大的触动。在车上，一个朝气蓬勃的美国计程车司机问松下幸之助："怎么样，美国是不是个很自由的国家？"

松下幸之助参观了一家扩音器制造厂，员工只有350名，每月却能制造出15万台产品；美国一家电子管制造厂女工的薪水，比日本一个总经理还高。松下幸之助还看到了电视的普及率在急速上升。美国收音机零件的订单，动辄上千万，一些专门制造厂聚集在一起，产生令人难以想象的效果，特别是在电子技术方面，更令人刮目相看。4月7日，结束访美返国后，松下幸之助立即新设立了第五事业部，为积极引进海外技术做准备。

1951年10月，松下幸之助再度赴美，然后转往欧洲。他要为企业寻求电子工业方面的合作厂商，最终他选择了荷兰的飞利浦公司作为合作的对象。

飞利浦公司有优秀的技术，经营情况良好。在60年内，它从制造电灯泡开始，成长为世界知名电器厂商。这么辉煌的历史，显然有很多地方值得松下幸之助学习。

飞利浦提出的条件是共同出资，总资本额6.8亿日元，他们出30%。但这笔钱，要从他们该拿的技术指导费中抵算。这样一来，所有资金负担将全部压在松下幸之助身上。松下幸之助提出，合营公司的成功与否取决于自己的经营手段，飞利浦公司应该为此提供相应的经营费用。

飞利浦方面从来也没有支付过这样的经营指导费，他们根本不想接受这样的条件。但多次交涉后，飞利浦让步了，因为希望飞利浦提供技术协作的公司很多，但他们从没见过像松下电器这样强烈表明自己意向的公司。飞利浦愿意信赖松下电器。就这样飞利浦指导费降为4%，松下电器的指导费定为3%。

事实上，飞利浦之所以能够答应松下幸之助的要求，是因为他们对松下电器进行了大约三个月的实地调查。松下电器的实力获得了认可，飞利浦甚至想支付2亿日元的合同定金。

1952年，松下电器与飞利浦签订技术资本合作契约。飞利浦公司的负责人把这一次的合作形容为："与松下电器结婚。"1952年12月，松下电器的子公司——松下电子工业株式会社诞生了。松下电器同飞利浦公司的技术合作，对于战后松下公司的发展，是一个最有决定性的转折点。从此，松下电器凭借着从飞利浦公司那里得到的强大技术支持，加快了向全世界扩展的步伐。

1951年8月，松下电器开始派公司职员到东南亚、中东、南美等处，开拓海外新市场。1953年成立纽约办事处，1954年，松下电器成功地将2万台电子管手提收音机出口美国。其

他国家的外销业务也迅速成长，达到了年营业额5亿日元。到了1958年，松下电器的海外输出，增加到了32亿日元。

经过松下电器贸易的努力，松下电器性能优越的手提收音机被海外广为接受。出口数字急速增长，1960年突破130亿日元。海外在总生产额所占的比例，也由6％上升到12％，足足增长了一倍。

第四节　中央研究所

> 当公司设立、开始业务的时候，一切事情都以谦虚的态度向人家学习。现在要重建我们的事业等于重新开业，我衷心期盼的是，恢复当年开办小店时的热情及对人对事的态度。
>
> ——松下幸之助

一个人要常常具有谦虚的态度，才能够吸收新知识，然后才会有进步。显然，松下电器在战后的腾飞以及长期的发展过程中，这种"重新开业"的心态，是极其可贵的。

为了吸收欧美国家先进的技术，松下幸之助两度出国考察。欧美国家的先进技术，确实让他大开眼界。这些国家的大企业技术之优良和设备之先进，让松下幸之助意识到了自己企业的落后。确实，战后近五年的生产停顿，让松下电器远远地落在了欧美同行的后面。

给松下幸之助留下深刻印象的，一是美国一家工厂的设备更新率，二是荷兰飞利浦阵容强大的研究队伍。他初次到美国，看到一家工厂的干电池制造设备，据说是当时最新式的。当他第二次到美国的时候，不到半年，那台机器已经成为这家工厂最老式的机器。松下幸之助发现，自己此前在市面上看到的这类机械都是普通的货色，最好的机械原来都在工厂里，因为一流制造厂商都有自己的研究机构来研制这类机器，他们所用的都是自己公司设计的机器。也就是说，美国的一流厂商不仅制造产品，也制造"制造产品的机器"。松下幸之助意识到，如果没有自主研发的能力，是不可能拥有真正好的设备的，就更不用说生产好的产品了。他决定自己回去要做的第一件事，就是更新生产设备。

而在荷兰飞利浦，最终吸引松下幸之助和他们合作的，正是那支庞大的、实力雄厚的科研队伍。飞利浦的研究院，共有3000多名研究人员。这里有荷兰最优秀的人才，他们中甚至有诺贝尔奖获得者。这家研究院已经有多年的历史，花费上亿美元。一般来说，办研究院是政府或大学的事情，而飞利浦却独树一帜，以企业身份办起了研究院。研究院的

成果，可以以最快的速度转化为生产力，而飞利浦则比其他企业更容易获得先进的技术。松下幸之助发现，不光是飞利浦有自己的研究院，美国的许多大企业也都有自己的研究机构。

此前的松下幸之助也非常重视技术，但松下电器的技术培训机构，主要用于员工的技术培训和精神培育。和欧美公司的研究院相比，它的作用实在太小了。两次欧美之行，让松下幸之助对技术革新的作用有了进一步的认识。他意识到，要想生产出一流的产品，保持巨型企业的稳固地位，就必须增加新技术的研究与开发。松下幸之助要建立公司的研究开发机构，这个部门不再负责培训，而要将主要精力集中在新产品和新设备的研发上。

1953年，松下电器公司的中央研究所正式成立。5月，松下幸之助专门为此建设了一幢占地6600多平方米的大楼，供研究所使用。当年松下幸之助给研究所确立的目标是：从事基本研究和指导；开发新产品；为适应自动化时代的到来，进行制造设备、工具的研究和开发；产品的设计也包括在内。为了方便新产品和设备的研发和制造，松下幸之助为这个研究所附设了专门的生产设备及工具的制造工厂，这也是从美国学到的经验。既然拥有最先进技术和设备的厂家不可能把最好的技术和设备卖给自己，那么就必须要有自己的研究团队，这样才能保证走在其他企业的前面。

松下幸之助在将自己的见闻与部下分享时，曾经感慨道："如果没有自主的心理准备，只想依赖别人的力量或金钱，是不可能产生真正好的设计的。我看到这个事实，觉得还不太迟，可以迎头赶上。只要资本许可，就要全力更新生产设备。"

松下公司中央技术研究所的成立，标志着松下电器真正拥有了一支实力雄厚的科研技术队伍。1974年4月，松下公司在研究所的基础上，又组建了"生产技术本部"，承担此前所有相关机构的全部职能。松下幸之助真正地将技术研发作为自己的一个事业部来看待了。

为了彰显自己技术方面的实力，1969年12月，松下电器在日本东京举办了"第一次松下电器技术展"。其后十年间，又举行四次这样的技术展。每逢展示期间，各方参观者络绎不绝，期待能够看到新的产品和技术。就是通过这些展示，松下电器博得了"技术松下"的雅号。"重新开业"的松下，依赖着雄厚的技术力量，不仅完善了原有的产品，而且还进一步推出了新产品，有力地推动了日本家用电器的普及。

1951年9月，松下推出构造简单的旋转式洗衣机。这种洗衣机虽然是最原始的，仅仅是搅拌式的简单构造，但在当时却是唯一的、最早销售的洗衣机，价格是每台4.6万日元，受到了一般消费大众的欢迎。洗衣机的出现也象征着女性从家务事的桎梏中解放出来，提高了妇女的地位。

同年12月，松下电视机问世。是17寸的机型，推出前，先

用巡回车到各地展示，受到了广泛的欢迎。电视机和收音机一样，随着民营广播网的发展，成为新的强力大众传播媒体，也成为电化产品流行的推动力。由于电视传讯普及到家庭，给国民的生活与文化带来了莫大的变化。

次年年初，在日本民间最早的电视台播放前夕，松下幸之助将第六事业部改为独立单位，专门负责生产电视机与电视机零件，并且确立了正式大量生产的体制。松下电器这种及时的生产体制，正好适应了民间电视台大量出现、播放节目的形势，销售情况当然非常的好。

1953年，第三种大型家电产品——电冰箱推出。至此，家用电器最重要的三种大型耐用性产品，松下电器均能独立生产，而且形成了相当的规模。面对激剧变动的消费市场和潮流，显然，松下电器无论是应变机制还是自身努力，都是相当突出的。这些自身条件和机遇的适当结合，创造出了奇迹，使松下电器在很长的一段时间内成为日本家用电器行业的领先者。洗衣机、电冰箱、电视机不用说，就连小型家用电器：果汁机、烤面包机、咖啡炉、吸尘器、蒸气电熨斗等，松下电器也有50种以上在1950至1953年间开发出来。可松下电器传统的产品，却和这些并无多少联系。

围绕着录像机的销售，松下电器和索尼之间曾展开过一场殊死搏斗，史称"录像机大战"。这场较量的导火索就是录像机规格之争。松下电器最后能够战胜索尼，则应归功于自己的技术实力。当时的日本有三种规模的录像机。松下电器独自开发的VX式录像机、子公司日本胜利开发的VHS式录像机、索尼开发的Betacam式录像机。这三种录像机的构造和原理各不相同，互换性差。从消费者的角度考虑，这三家公司必须要考虑选择一种型号来统一规格。从另一个角度而言，如果能迫使其他公司使用自己公司的规格，就意味着真正主宰了市场。双方反复交涉，谁也不肯让步。索尼公司为了占据主动地位，抛开了正在谈判的松下电器和日本胜利，突然发售Betacam式录像机。盛田昭夫想造成既定事实，逼迫松下幸之助让步。盛田昭夫亲自去劝说松下幸之助接受Betacam式录像机："请你采用我们的规格吧。松下先生不仅是松下电器的顾问，也可以是我们索尼的顾问啊。"

松下幸之助犹豫了，他数次前往索尼的研究所和工厂参观考察。如果Betacam式录像机真的可以的话，那么就用这个规格吧，谁让人家抢先一步了呢？可是，松下幸之助最后的选择却出人意料，他没有选择Betacam式，也没有选择松下电器的VX式，而是选择了日本胜利的VHS式。当松下告诉盛田这一决定时，盛田气得扭头就走了。

松下幸之助选择VHS式，有他自己的看法。事后证明，他的选择是正确的。索尼的Betacam式录像机的基本规格是一个小时，而VHS式的基本规格是两小时，而且当时已经在研制录像四小时的产品了。如果真的能研发出录像四小时的新产品，那么就一定会有更广阔的市场。因为美国消费者最期望的是录像的时间能够延长。

当松下电器的社长松下正治将录像机拿给美国的电子厂商RCA时，索尼也送来了自己的产品。RCA的社长格里菲斯决定，这两种商品看起来差不多，他希望把两者都放到店里去销售一下，看看哪个卖得好。

格里菲斯告诉正治："美国的消费者更喜欢录像时间长的产品。如果你能在三个月内生产出录像四个小时的产品，我一定会选择贵公司的产品。"

格里菲斯这样说是有原因的。美国人酷爱看美式橄榄球比赛，可是一场美式橄榄球比赛的时间一般在三个小时以上。如果使用两小时的录像机，就不得不换一次录像带，而四小时录像机就免去了这一麻烦，他们当然会选择后者了。

正治从美国联系技术研发社长城阪俊吉，要求他在三个月内生产出四小时录像机。城阪沉默不语，同行的技术人员也认为这不可能。然而，两个半月后，四小时录像机真的摆在了正治的面前。从此以后，全世界的录像机都使用了VHS规格。

第五节 销售就是嫁女儿

> 卖货要像嫁女儿，不仅要在未嫁前精心培养，准备嫁妆，而且要在嫁出去以后给人以关心。

> ——松下幸之助

松下幸之助深知，一项新产品是否畅销，除了产品质量外，销售也是非常重要的环节。他一边关注新产品的开发，一边大胆地尝试推出新的销售措施。松下幸之助敢向飞利浦索要经营管理费，由此就可看出松下电器与众不同的管理水平和营销技巧了。

回顾一下松下电器的发展历程，我们看到，在松下的营销史上，有许多的创举在日本是名列前茅的。从早期的免费赠送促销、免费试销到战后的销售同业公会、销售专营店，都取得了相当突出的成绩。

1951年9月，松下又推出了日本从未有过的"分期付款"销售措施。松下的分期付款销售首先是从收音机开始的。

20世纪50年代初，日本开始允许民营电台播放节目，收

音机市场一下子繁荣了起来。别的厂家在销量远远大于生产量的情况下，很快就不愿意在销售上花什么心思了。毕竟，自己的产品根本就不用愁销路。可松下幸之助不这么看，因为他认为，市场需求量再大，早晚也会出现饱和的情况。市场需求越大，竞争就将越激烈。如果自己能够想出新的措施刺激消费，一定可以获得更高的市场份额。

既然如此，为何不采取新措施呢？1959年10月，松下电器的"国际牌收音机分期付款销售公司"成立。这个公司是全国各地代理店的网络性公司，由各地代理店和松下电器共同出资。松下电器通过分期付款的方式，成功吸引了客户，这对调动市场潜在购买能力，提前获得顾客的认可有着重要的作用。同时，他们也获得了广大的市场份额，把可能走向别家的顾客吸引了过来。从大的方面来说，分期付款销售制度的意义，远远超过了购买收音机本身。比较来说，收音机尚属小型家电用品，价值并不昂贵，一般人家都买得起。而新生产的电冰箱和电视机，才更适合于分期付款的销售方式。

广告作为一种促销手段，松下幸之助很早就注意到了，而且他还有"广告先驱"之称。1962年，他设立了专门负责广告宣传的公共关系部门，宣传松下电器经营理念和产品。

松下幸之助高超的销售手段还表现在售后服务上。在很早的时候，松下幸之助就认识到，随着耐用消费品的增加，促销的视点不仅应该放在售前，更应该放在售后。像电视机、洗衣机和冰箱等大件商品都是价值不菲的，不是出了点小毛病就可以搬出去扔掉的。小毛病必然需要修理，小部件的损耗也需要更换。对于这类物品，事前的宣传促销搞得再好，售后服务欠缺，缺的东西没处换，坏的东西没处修，也不能赢得顾客。基于这种认识，松下预测到了"售后服务时代"的到来，并采取措施着手应对。

1965年，日本电视机的普及率已超过90%，洗衣机的普及率已达到70%，电冰箱接近60%，三大家电已成了民生必需品，在这种高普及率的情况下，售后服务就成了影响产品竞争力的关键。松下幸之助用嫁女儿的说法形象地描述了这种销售状况。他指出，卖货要像嫁女儿，不仅要在未嫁前精心培养，准备嫁妆，而且要在嫁出去以后给人以关心。松下电器的业务员有一条不成文的规定，那就是要经常走访买了松下电器产品的顾客，了解他们使用的情况和新的要求。

松下幸之助还对这类行动提出了具体的工作要求："您好！我是松下电器公司。您购买我公司的产品，我们十分荣幸。不知这款产品您是否合用？有什么需要我们帮助的？"如果是上门修理，则要说："真对不起，给您添麻烦了。我们一定会尽快修好。"如果是电视机一类的，则先送一台备用品去："您先用这台，以免耽误您欣赏节目。您的电视机，我们很快会修好送来。"修好了以后，还要问："您还有什么需要帮忙的吗？如果有，我们顺便给您修好。"临走时则要说：

"这是我们的地址和电话，如果您有什么需要帮忙，请拨电话。要是想买其他的东西，我们给您送货。"正是通过这些如此耐心细致的售后服务，帮助松下电器获得了成功。

第六节　松下是培育人才的公司

> 我当时的心态是认为事业是人为的，而人才的培育更是当务之急。也就是如果不培育人才，就不可能有成功的事业。制造电器是件重大的工作，所以我平时就有先培育人才这种意识，当时无意间让这种观念脱口而出，于是这种观念一时蔚为风气，大家都认为"松下电器是培育人才的公司"。虽然当时公司在技术、财力、信用各方面都很薄弱，可是这种"造就人才"的风气，竟成为推动公司发展的原动力。
>
> ——松下幸之助

松下幸之助在考察美国企业以后得知，那里的工人用两天多的工资就可以买到一台收音机，松下电器员工则要一个多月。这使松下幸之助下定决心要使松下电器员工的薪资在短时间内赶上甚至超过美国。经过努力，没过多久，松下幸之助的这个目标就实现了。

随着薪资的增长，松下电器在其他方面也投入了资本和精力。首先是在员工素质提高和再教育方面，松下电器在原来的员工训练所的基础上，建立了松下工学院，让员工进修，从而培养高层次的技术人员和技术工人。1964年，松下电器又建立员工研修所，利用节假日开展各种趣味教养活动。在福利制度方面，松下电器在战前就推行过"员工持有股"运动，战后50年代开始又予以恢复。

同时，新设圣诞节和成年日赠礼活动，即由松下电器公司在这两个日子向全体员工或相关员工赠送礼品。与此相应，松下电器还推出了更为制度化的福利项目。比如，在建立松下医院的基础上，设立"保健中心"，保健中心占地广大，设施完备，服务项目包括休闲、体育、集会所、结婚礼堂等。1959年，松下电器的健康保险工会正式工作，不仅为员工服务，也兼顾员工家属。

除教育、保健之外，松下电器还为员工的休闲提供条件，积极组织体育、音乐、游乐等文化活动。松下电器公司有自己的体育馆、球场、游泳场，职工体育活动开展得非常好，而且多次在全国性职工体育比赛中捧回冠军奖杯。

松下电器对于员工的素质提高和福利待遇的改善，可谓尽

心竭力。为此，松下幸之助曾一次捐赠松下员工福利基金2亿元。在日本的同行中，这也是比较少见的。更为突出的是，松下电器率先在业界实行每周五日工作制。

创业之初的松下电器，虽说也有休假，但还是少得可怜，而且每天的工作时间也比较长。随着事业的发展，松下幸之助注意到了员工的福利问题，逐步增加休假日，并且逐步实现了每周休一日和每日工作8小时的工时制。

就企业界而言，这已是一个不小的进步。新工时制的实施，给员工带来了更多的休息和娱乐时间，也给员工工作注入了活力，当然也给松下电器带来了新的风貌。松下幸之助认为，企业要想调动全体员工的积极性，就必须让员工在工作和生活两方面都保持安定。松下幸之助提倡高效率、高回报，通过精神与物质的双重奖励，将员工利益和企业利益紧紧联系在一起，在激发员工主人翁意识的同时，也保证了公司的高效率和高利润。

很多企业都有专门的人才培训计划，中小企业通常采取培训外包的形式，一些大企业通常都有自己的培训机构甚至是培训学校。但从重视人才培养的效果来说，很少有企业能和松下电器相提并论，在松下幸之助的经营理念中，人才培养重于产品生产，是企业的第一要务。

在松下电器举办的一次人事干部研讨会上，松下幸之助提出一个问题："你们在拜访客户时，如果对方问你，松下电器是制造什么产品的公司，你们如何回答？"

业务部的人事科长回答道："松下电器是制造电器产品的。"

听到这样的回答，松下幸之助露出失望的表情。一向谦和的松下幸之助为什么会有这样的反应？这是因为一个公司的人事主管都不能理解公司的经营理念，那么如何期望他能在人才招聘、培训和员工晋升上助力公司的发展呢？为此，松下幸之助甚至有点失态地拍了一下桌子，回应道："错了，你们这样的回答是不负责任的！如果对方问你，松下电器是制造什么的，你们就要回答说'松下电器是培育人才的公司，并且兼做电器产品。'经营的基础是人，对于这一点，一定要有清醒地认识。在企业经营上，资金、生产、技术、销售等固然重要，但人却是这些东西的主宰，归根结底是人重要。"

由此可见，松下幸之助对人才培养的重视。即使在今天，松下幸之助的人才理念也是先进的，超越了很多企业家的人才观。松下幸之助认为，人才是企业经营的基础，没有足够的人才支撑，就算是像松下电器这么庞大的企业，也是无法平稳运转的。对此，企业经营者必须有足够清醒的认识，才能保证企业持续发展对于人才的需求。如果企业经营不从培养人才开始，企业就会失去发展的活力源泉。

松下幸之助在考察新员工时，很乐意问的问题是关于人和企业经营的，如果新员工对于松下电器"造人先于造物"的理念一无所知的话，松下幸之助不会难为新员工，而是将他们的上司找来，让他们好好学学育人之道。

为了培养人才，松下幸之助曾经在富士山下专门组建了一个大工厂。这家工厂的运营方式非常特殊，招收对象全部是全国优秀的小学毕业生。这些孩子每天工作4个小时，另外4个小时用于学习。松下幸之助希望通过这种方式使他们成为有知识、有技能的人，还能让他们养成脚踏实地的良好习惯。

其实，这也是松下幸之助在教育方式上的一种尝试。他认为，这种教育方式不仅可以减轻国家的财政负担，也可以为普通家庭节省教育费用。而从孩子的角度来说，在获得必要教育的同时还能培养他们的独立能力，无疑也是一举两得。

不久之后，松下幸之助又专门耗资60万日元，专门成立了松下职训所。松下幸之助亲自制订了学校的办学宗旨——以培养骨干职员为重点。松下职训所会从全国各小学毕业生里，选出优秀者入学。每天读书4小时，实习4小时，合计8小时，除星期日以外不得休假，大约在5年内，修完中等学校课程。学员必须熟练掌握制造与销售技能，接受并领会公司经营思想教育，修业期满，进入公司合适的岗位就业。

此后，随着松下公司的发展和松下幸之助个人教育思想的成熟，松下培训学校的管理也得到了完善。在松下电器日新月异的发展过程中，正是这些培训机构为公司经营提供了所需的大量人才。

松下电器从几个人的小作坊逐渐成长壮大为全球性的大公司，它能够保持经营的稳定和持续增长，无疑得益于松下幸之助的这种人本理念。正是在"员工是第一产品"的人才理念的指引下，松下电器才能培养出大量的人才，缔造出庞大的松下电器帝国。松下幸之助在半个多世纪的企业经营中，一直都非常重视员工的需求，尊重员工的个性，鼓励员工积极参与企业经营，将人才培养当作公司最重要的内容之一。

第七节　经营之神的经营哲学

如果你坚持要上二楼，就会想到搬扶梯；你只想试一试，那就什么都想不到。

——松下幸之助

在松下幸之助的经营秘诀中，有三项是最突出的，即自来水经营理念、水坝式和玻璃式经营法。玻璃式经营法，主要是关于内部管理的内容。所谓"玻璃式"，也就是要像玻璃那样透明。

自来水经营哲学是松下电器公司最基本的经营理念，相当于宪法中的总纲。松下幸之助认为，使产品像自来水那样充足和廉价，这应该是每一个经营者追求的目标，也是经营者的义务和使命。实业家的使命就是克服贫穷，造福社会，为人民建立幸福的乐园。松下幸之助和公司工会的关系，一直是比较融洽的。但是，一次工会机关报刊登的一篇文章，却让松下幸之助大为恼怒。原来报上刊登了一篇文章，这篇文章嘲笑松下电器制造物美价廉产品以服务社会的自来水经营理念，否定了公司的经营宗旨。尽管遭到了这样的抨击，但松下幸之助依然不改初衷。

这个经营理念是松下幸之助根据自己的人生体验，受到自来水的启发而总结出来的。他的经营信念即在于："如果一切东西都像自来水一样，能够随便取用的话，社会上的情形就将完全改变了。我的任务就是制造像自来水一样多的电气用具，这是我的生产使命。尽管实际上不容易办得到，但我仍要尽力使物品的价格降低到最便宜的水准。"1932年5月5日，在松下电器公司的创业纪念日上，松下幸之助向全体员工表明了自己的这种信念，并把它确定为公司的经营哲学，要求全体员工遵照执行。松下幸之助在演讲辞中讲道："大抵生产的目的，不外乎丰富人们日常生活的必需品，以充实生活的内容。这也是我生平最大的愿望。松下电器公司要以达成这些使命为我们的目标，今后更要全力以赴、更上层楼，期待早日完成使命。我殷切希望诸君能深刻体察这一目标和使命，并共同努力达成之。"

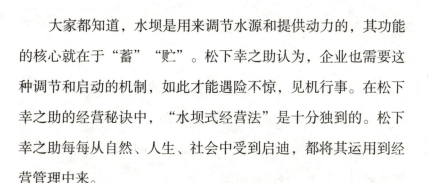

大家都知道，水坝是用来调节水源和提供动力的，其功能的核心就在于"蓄""贮"。松下幸之助认为，企业也需要这种调节和启动的机制，如此才能遇险不惊，见机行事。在松下幸之助的经营秘诀中，"水坝式经营法"是十分独到的。松下幸之助每每从自然、人生、社会中受到启迪，都将其运用到经营管理中来。

水坝式经营法，开启松下幸之助思路的当然是水坝。人们修筑水坝，目的主要是蓄水，一方面拦洪，一方面提供水源，后来，又发挥发电等提供能源的作用。水坝贮蓄是为了释放，收是为了放，如果松下电器公司的各部门能像水坝一样，即使外界形势有所变化，也能维持内部稳定和发展。设备、资金、人员、库存、技术、企划、新产品的开发等，都应该有水坝的原理，这样才可以保持宽裕的运营弹性。

松下幸之助设计的水坝有数个，诸如"设备水坝"。设备的使用不达到100%，就是说，即使设备只运用到80%或90%，也应该是正常获利的。如果设备到了100%的营运才能赢利，那是相当危险的。其一是疲劳，容易发生故障而不能运行；二是一旦市场需求增加，也无能为力。如果尚有10%或20%的设备能力剩余，一旦产品市场反应良好，即可提高产量，满足市场。

"资金水坝"。经营10亿资金的事业，需要做11亿或12亿资金的准备。如果不留余地，万一有新的情况发生，要增加资

金，却无所适从，其结果不仅不能发展企业，而且连那10亿资金也发挥不了作用。

"库存水坝"。即产品要保持适量的库存，以应生产停滞或产出量减少之急，也可以对市场需求的激增作出及时反应。

"新产品水坝"。在已经产出新产品的同时，要有更新的产品研制，甚至已经完成研制。

除此之外，还有其他水坝，这些都是不难理解的，举一而反三，尽在其中。松下幸之助在经营中总结出来的这些水坝思想贯穿于企业经营的每一个环节。更值得我们注意的是，松下电器在这些有形的水坝之外，更倡导建立无形的水坝，这就是"心理水坝"，也可以叫作"水坝意识"。

这种无形水坝的作用是指导和制约其他水坝，是主脑，是纲领。这是从人们观念和意识这个更基本和更重要的方面着眼设立的。在某些具体方面，"心理水坝"也是存在的，那就是"忧患意识""心理承受能力"等。生意场上瞬息万变，风云难测，有此水坝，才能处变不惊，应付自如。

松下幸之助对"水坝式经营法"是深信不疑的。他说："我深信，只要能遵循这种方法，随时做好准备，能宽裕地运用各项资源，企业不论遇到什么困难，都能长期而稳定地成长。松下幸之助认为，经营的规模大小、门类多少，一定要与公司的综合实力相称，一定要与经营者的才能、精力相称。如果贪大求多，其效果反而不如专而精。"

与水坝式经营法则并列，松下电器还有适应性经营法则。适应性经营，是指与实力相匹配的经营。超过实力的经营会使公司的"体质"逐渐弱化，虽然庞大，却不强壮；反之，适应性经营则可能带给公司长期稳定增长和高度繁荣。

这就好比相扑比赛，最好是和与自己级别相同的对手比赛；如果与高出自己级别许多的对手比赛，即使怎样拼命，也只能以失败告终。

因此，任何一个公司，最好能认清自己的综合实力，做与此相符的工作，超过实力多角经营，结局往往不是好的。松下幸之助认为，公司不分大小，规模大小无关紧要，只要让它的长处发挥出来，再实行水坝式经营法，这才是安定经营的大道。

在明白了适应性经营法则，并且企业员工也积极遵从以后，接下来的就是如何正确评断综合实力。松下幸之助认为，公司首脑阵容的实力，是第一重要的项目，其他诸如设备、资金、员工等各个方面的综合力量，必须要在一个强有力的领导层统率之下才能发挥作用。综合实力，不是单一项目的实力所能代表的，比如，不是说一个公司的资金够雄厚，就代表有综合实力了；也不是单一项目的简单相加，因为各个项目的实力配置不好，也不能发挥效力。

在此，松下幸之助特别强调了首脑阵容，因为这些企业的灵魂人物，对于企业的经营有着巨大的影响，他们的能力、精

力如何，对企业的经营是大有关系的。适应性经营，就是要考虑到这个首脑阵容的力量，以此来决定经营的规模。

松下幸之助指出："人的能力是有限的。假如经营者工作多角化，那么投注于每一个事业的力量自然就会分散。事实上不只经营者的力量如此，公司的技术能力或资金能力，都会随多角化经营而分散，绝对没有办法像对单一事业那样专注。反过来说，过去经营三种事业的，不如集中成一种，然后将全力专注于此，并动员全公司的力量，认真、彻底地经营，使它成为国际性的公司。"

这些原则对于我们生活中的选择和决定也同样适用。